D0940591

El Acantilado, 360

LA VIDA
DE LOS EDIFICIOS

RAFAEL MONEO

LA VIDA DE LOS EDIFICIOS

LA MEZQUITA DE CÓRDOBA, LA LONJA DE SEVILLA Y UN CARMEN EN GRANADA

BARCELONA 2017  ACANTILADO

Publicado por
ACANTILADO
Quaderns Crema, S. A.

Muntaner, 462 - 08006 Barcelona
Tel. 934 144 906 - Fax. 934 636 956
correo@acantilado.es
www.acantilado.es

En la cubierta, ilustración de Montserrat Ribas Barba

ISBN: 978-84-16748-61-7
DEPÓSITO LEGAL: B. 24074-2017

AIGUADEVIDRE *Gráfica*
QUADERNS CREMA *Composición*
ROMANYÀ-VALLS *Impresión y encuadernación*

PRIMERA EDICIÓN *noviembre de 2017*

CONTENIDO

PRÓLOGO

Hace ya algunos años Jaume Vallcorba me propuso reunir en un libro de Acantilado algunos textos publicados en revistas especializadas. Y si bien siempre consideré el riesgo de poner a prueba cuánto podían interesar a un público que iba más allá del reducido círculo de las revistas para arquitectos, he decidido correrlo y aceptar su generoso ofrecimiento. Pero ¿qué artículos podrían interesar a un lector que, si bien gusta de la arquitectura, no está iniciado ni en las cuestiones ni en la jerga que emplean quienes escriben acerca de ella? ¿Qué escritos podían atraer a un público ajeno a las discusiones teóricas en las que tan a menudo nos enzarzamos los arquitectos?

Pronto pensé en los artículos que trataban de edificios concretos y no aludían a la arquitectura en abstracto, que permitirían al lector—más todavía si los conocía—contrastar su opinión con mis comentarios. Los edificios como punto de encuentro con el posible lector al darle pie a convertir la lectura en una conversación con quien escribe. Hacer uso de los edificios para hablar de arquitectura implica valorar su materialidad, referirnos a las circunstancias que acompañaron a su construcción, considerar los afanes ideológicos que los inspiraron. Los edificios como una experiencia sensorial que nos permite sentirnos poseídos por la arquitectura, tanto más que una disquisición acerca de la misma. Los edificios son una extensión de nuestra persona, como corazas que nos protegen, como caparazones en los que vivimos y de los que pasamos indefectiblemente a formar parte, hasta el punto de llegar a pensar que pertenecemos a ellos. La arquitectura se hace tangible en los edificios. Hablar de edificios precisos y concretos como alternativa a un discurso intelectual genérico y difuso sobre la arquitectura.

Y pronto se convirtieron en candidatos tres artículos escritos y publicados en muy distintas circunstancias. El primero lleva por título «La mezquita de Córdoba: la vida de los edificios» y estudia los criterios formales que subyacen tras las intervenciones que dieron lugar a la actual mezquita; el segundo, «El arquitecto Juan de Herrera y el *Discurso de la figura cúbica*: la lonja de Sevilla como "cubo elementado"», analiza el edificio mencionado prestando atención sobre todo a los propósitos del arquitecto; y, por último, «El carmen de Rodríguez-Acosta en Granada» considera a quién corresponde conceder el crédito debido como arquitecto por tan singular obra. Juntos han dado pie a este libro.

Debo ahora algunas explicaciones. En primer lugar, me gustaría hacer notar lo muy diversos que son los tres edificios elegidos. La mezquita de Córdoba es una obra cuya paternidad se ha perdido, sin que podamos atribuir su origen a un primer y preciso arquitecto, y de ahí que el edificio asuma todos los juicios que de él hagamos, puesto que la mezquita que hoy conocemos va más allá de lo que pretendieron sus primeros constructores. Aunque la primera mezquita está en el origen de la actual, no sentimos en modo alguno la necesidad de reconstruir—de aislar físicamente—lo que fue el embrión del edificio que contemplamos hoy. Cuando hablamos de la mezquita nos referimos a lo que es en la actualidad y olvidamos a sus arquitectos. La mezquita asume su arquitectura y, en último término, atestigua en qué consiste la supervivencia de un edificio a lo largo de los siglos, confiando en la inmanencia presente en lo que fueron sus principios fundacionales. No ocurre así en la lonja de Sevilla, donde la impronta dejada por su arquitecto, Juan de Herrera, nos permite explorar hasta qué punto un modo de pensar está en el origen de una obra de arquitectura. En este caso, la arquitectura materializa el mundo de las ideas, incluso cuando pertenecen a tan abstracto universo como aquel que entrevió una figura tan atractiva y lejana como Raimundo Lulio. Y en cuanto al carmen de Rodríguez-Acosta en Granada, forzoso es reconocer que identificar a quién atribuir tan singular obra era lo que me interesaba, además de comprobar cómo, en el primer cuarto del siglo XX, un *connaisseur* o un arquitecto amateur aún podía dejar la impronta de su personalidad en una obra de arquitectura, de tal modo que ésta expresara su modo de ver y entender el mundo, así como su historia. Y, por último, tal vez el hecho de que los tres edificios examinados se encuentren en ciudades andaluzas también haya contribuido a presentarlos juntos. Córdoba, Sevilla y Granada son tres ciudades imprescindibles para quien quiera conocer España y su arquitectura, y yo me sentiría inmensamente satisfecho si mis reflexiones acerca de estos edificios tan singulares contribuyeran a enriquecer la visión que de las tres ciudades tienen quienes las visitan.

Los textos sobre estos tres edificios están escritos en muy distintas circunstancias: el primero tuvo su origen en una conferencia pronunciada en la Harvard Graduate School of Design en mayo de 1977 a instancias de Jorge Silvetti, quien me había pedido que hablase de arquitectura española. Sin apenas dudarlo, decidí que el tema sería la mezquita, ya que—a diferencia de la Alhambra, que establece de una vez por todas la relación entre una obra de arquitectura y un lugar—es un edificio en el que ha quedado fielmente documentada toda la historia de España. En el texto queda patente, por otra parte, lo muy relevantes que eran en aquellos días las propuestas de los estructuralistas que, trasladadas a la crítica arquitectónica, habían dado lugar a un análisis formal de la arquitectura del que la obra de Peter Eisenman era la más elocuente muestra, y para quien, en sintonía con lo que Noam Chomsky predicaba para el lenguaje, era en la estructura profunda de la arquitectura donde radicaba aquello que más y mejor la caracterizaba. Detectar las estructuras formales últimas, por no decir otra vez profundas, era lo que debía perseguir un crítico. Mi propósito fue tratar de descubrir, de entender, de qué modo los arcos de herradura se construían apeados sobre columnas y capiteles romanos, yendo algo más allá de la metáfora del acueducto. Y así entendí la mezquita no sólo como muros que se entregan perpendicularmente sobre el de la quibla, sino como una trama virtual, bidireccional, que propicia y facilita el dominio de la superficie y, por tanto, la extensión. Llegué a la conclusión de que la fidelidad a estos principios formales—que no son tan obvios cuando se enmascaran en una arquitectura tan compleja como la de la mezquita—había hecho posible el milagro de su evolución en el tiempo, y me inspiró el título de la conferencia: «La vida de los edificios. Las ampliaciones de la mezquita de Córdoba».

El segundo texto que se recoge en este volumen, «El arquitecto Juan de Herrera y el *Discurso de la figura cúbica*: la lonja de Sevilla como "cubo elementado"», pretende rendir un merecido homenaje, con ocasión de su septuagésimo cumpleaños, a Eduard Sekler, profesor de historia de la arquitectura durante más de cincuenta años en la Harvard Graduate School of Design. Fue Howard Burns—que se ocupó de coordinar el *Festschrift*—quien nos propuso a Manfredo Tafuri y a mí que escribiésemos acerca de la Casa de Contratación de Juan de Herrera en Sevilla, para que observáramos la lonja desde dos perspectivas distintas, la del historiador/crítico, por un lado, y la del arquitecto, por otro. La inesperada muerte de Manfredo Tafuri hizo que tuviese que afrontar una doble tarea: la de ver la lonja desde lo que ideológicamente significaba y la de explicarla en términos estrictamente arquitectónicos.

Si al hablar de la mezquita había indagado sobre las propuestas formales en las que se funda, ahora se trataba de poner de manifiesto el directo influjo de las ideas en la obra arquitectónica. Los firmes partidarios de la Contrarreforma—entre los que se contaba Juan de Herrera—trataban de conciliar el conocimiento de la naturaleza propugnada por la cosmología renacentista con la idea de que el poder terrenal del soberano a quien servían procedía de un mandato divino. Considerar en qué medida estas ideas están presentes en la arquitectura—siguiendo así la pauta establecida por Tafuri—es lo que me propuse en este texto: lo que interesa no es tanto describir las matrices formales que hay tras una obra cuanto atender al soporte ideológico que la hizo posible. En el caso de Juan de Herrera, es obvio que había que plantear la pregunta siguiente: ¿qué significado tenía para él y su arquitectura la «figura cúbica» a la que había dedicado su *Discurso*? Puesto que el título que dio a su libro—*Discurso de la figura cúbica*—parece anunciar, dada su condición de matemático y arquitecto, una reflexión sobre el cubo como figura abstracta, es natural que a finales del siglo XX haya suscitado el interés de quienes asociaban irremediablemente la figura del cubo a las vanguardias: el *Discurso de la figura cúbica* se presentaba así como curioso antecedente de lo que iban a ser las propuestas formales que tanto interesaron a las vanguardias. Sin embargo, su lectura pronto llevó a comprobar que el texto de Herrera nada tenía que ver ni con la geometría ni con las vanguardias.

El *Discurso de la figura cúbica* interpreta y extiende los

principios propuestos por Raimundo Lulio en sus obras *Ars Brevis* y *Ars Magna*. Juan de Herrera trata de ofrecer en su texto la descripción de una estructura capaz de materializar en una figura—y en una obra arquitectónica—el pensamiento luliano. No es fácil resumir y compendiar el complejo texto, de ahí que haya preferido acercarme al *Discurso* apostillando aquellos conceptos que, a pesar de su precisión en lo que a expresión gramatical se refiere, requerían un comentario o al menos una interpretación, asumiendo el riesgo que éstos implican. Así pues, adelanto al posible lector el tono de este escrito: Juan de Herrera, coincidiendo con Raimundo Lulio, ve el cubo como resultado de lo que él llamaba «el obrar», «el hacerse de las cosas». Y así, permitiéndonos reconocer resonancias albertianas—totalmente justificadas, puesto que Juan de Herrera había dado el visto bueno a la traducción al castellano de *De Re Aedificatoria*, publicada por Francisco Lozano en Madrid, en 1582—, Juan de Herrera nos dice que en el cubo «la línea es la que hace y la superficie es la que es hecha». El cubo es el soporte de todas las posibles combinaciones que pueden darse en él. El cubo herreriano como premonición de una estructura cartesiana en la que se inscribe todo un universo platónico. Nada tiene que ver con el equívoco mundo plástico que parecía sugerir el título, si bien espero que al lector le atraiga esta excursión por el enigmático territorio luliano en el que se mueve Juan de Herrera.

La posible coincidencia entre las dimensiones del patio de los Evangelistas de El Escorial y las de la lonja reforzaría este modo de entender lo que Herrera propone al hablar de «cubo elementado». El patio y la lonja no serían dos variantes de un mismo tipo, sino dos modos de presentar «cubos elementados» que por su condición hacen gala de su diversidad, de sus diferencias: el patio como vacío y la lonja como sólido que encierra un patio, son dos ejemplos del «cubo elementado». Pero uno y otra, patio y lonja, viven ignorando el lugar, haciendo de su autonomía formal su razón de ser. De ahí que haya resultado difícil explicarnos la lonja desde el entorno, desde el influjo de aquellos edificios entonces vecinos en los que literalmente se incrustaba. Herrera construye, en primer lugar, en un plano horizontal—como bien muestran los peldaños sobre los que la lonja se levanta—, y desde tal plano se medirá con la catedral—espejo de la contingencia a la que tanto atendieron los arquitectos que en ella trabajaron en el siglo XVI—, reclamando su condición de forma arquitectónica plena e intemporal.

Las circunstancias que acompañan al tercer texto, «El carmen de Rodríguez-Acosta en Granada», son muy otras. Miguel Rodríguez-Acosta—discípulo de Joaquín Valverde, que había sido director de la Academia de España en Roma en los años que allí fui pensionado, entre 1963 y 1965—me pidió que escribiera un texto introductorio para la publicación de un álbum de fotografías en el que su tío, José María Rodríguez-Acosta, fue dejando constancia de las distintas fases de construcción del edificio. Ello me llevó a estudiar un edificio que siempre me había intrigado y al que consideraba y sigo considerando como uno de los más notables y valiosos construidos en nuestro país durante los años veinte.

En torno a la autoría del carmen de Rodríguez-Acosta, por otra parte, se había tejido toda una leyenda. Con ayuda del citado cuaderno y de los dibujos de los distintos proyectos, traté de deslindar el alcance de las intervenciones de los arquitectos que participaron en su construcción: Ángel Casas, Ricardo Santa Cruz, Modesto Cendoya, Teodoro de Anasagasti y Felipe Giménez Lacal. Así que el texto es el resultado de mis pesquisas. En el año 2000, la Fundación Rodríguez-Acosta lo publicó en un libro ilustrado con una hermosa colección de fotografías de Francisco Fernández a la que acompañan unas páginas del poeta Antonio Carvajal y unos dibujos de Montserrat Ribas. El tono crítico del texto es bien distinto a los otros dos e intenta una aproximación estricta a los hechos, acudiendo tan sólo en último término a la reflexión estilística y al entendimiento de la obra de arquitectura como expresión de un momento preciso de la historia, como reflejo inevitable de aquello que se ha llamado «espíritu del tiempo».

El lector hallará en este texto muchas precisiones «cuasifilológicas» encaminadas a identificar qué papel desempeñaron quienes intervinieron en la construcción del edificio. El planteamiento crítico no es distinto del que adopté al analizar los otros edificios. El valor de las ideas en la configuración de cualquier obra arquitectónica se advierte también aquí desde los momentos iniciales del proyecto y la importancia que tienen los aspectos estrictamente formales vuelve a ponerse de manifiesto. Pero lo que en verdad interesa es investigar los hechos—como hace un detective al tratar de esclarecer un determinado suceso—para saber a quién debemos considerar responsable del carmen, expresión tan valiosa de un preciso momento cultural.

Que la complejidad de la arquitectura del carmen no era fortuita se confirma tan pronto como uno empieza a adentrarse en él, a conocer su historia. Y, sin profundizar en la personalidad de José María Rodríguez-Acosta, está claro que la concurrencia de los cuatro arquitectos mencionados a lo largo de la ejecución de una obra que duró quince años prueba lo tortuoso que fue el camino. Los arquitectos citados se ocuparon de los aspectos más directamente relacionados con la construcción en las distintas etapas. Tan sólo

José María Rodríguez-Acosta permaneció a lo largo de todo el proceso, muy pendiente de conseguir aquello que se había propuesto. Sabía bien lo que quería: era consciente de que la cultura grecorromana está presente—si bien no siempre de manera explícita—en la Alhambra, y que es posible hacerla aflorar y contar con ella al construir el carmen a su vera. Sabía, pues, que los cánones grecorromanos de belleza que persiguió ansiosamente en su vida pueden manifestarse en una obra arquitectónica. Para José María Rodríguez-Acosta—cuyas aspiraciones no limitó la vida provinciana de la Granada de los años veinte—, el carmen que iba a construir junto a la Alhambra sería su autorretrato. O, si se quiere, un autorretrato idealizado en el que mostrar cómo le gustaría verse. Una vez más la arquitectura como medio que permite a un individuo materializar en ella su visión del mundo, que incluye naturalmente su comprensión del pasado. De ahí que Rodríguez-Acosta entendiera el carmen como algo estrictamente personal, más allá de las modas. El carmen poco tiene que ver con el Noucentisme, con el que a primera vista podríamos asociarlo, y su literalidad—manifiesta en la recuperación directa de elementos de arquitectura antigua—da muestras de una autenticidad que nos atrae y subyuga. Observaciones que también cabe hacer al examinar su evolución como pintor, ya que en su obra podemos advertir el desplazamiento que le lleva del costumbrismo a una pintura no muy distinta de aquella de los artistas que servían a lo que se llamó «nueva objetividad».

Confío en que, si el lector se siente tan intrigado por el enigma que plantea la arquitectura del carmen como yo, la observación del prolijo material gráfico que acompaña al texto le ayude a entender el sentido de los cambios a lo largo del proceso de construcción, muy difícil de explicar sin las fotografías y los dibujos.

Pero ¿qué sentido tiene publicar juntos en un libro tres artículos tan diversos como éstos? Lo que comparten estos tres textos es el intento de ver la arquitectura desde dentro, desde sus entrañas. Una visión crítica de los edificios que se produce desde la condición de arquitecto de quien escribe. Condición que implica acercarse a las cuestiones disciplinares que se plantean consciente o inconscientemente los constructores, y nos permite aproximarnos a la realidad de lo construido con el deseo de entrar en contacto con aquello que un edificio se pretendió que fuera. Cabe decir que cada vez veo con más claridad que los edificios se desplazan en el tiempo, que no tienen la permanencia, la inmovilidad que para ellos a veces deseamos y que en cada instante son diversos. Ni la mezquita ni la lonja son hoy las que vieron los viajeros del siglo XIX, y en cuanto al carmen, su perfil, para bien o para mal, se modifica a la par que el de Granada. Sobre los edificios gravita el tiempo, se mueven con él de manera inevitable. No son estrictamente lo que fueron y estamos obligados a aceptar que sus vidas implican continuo cambio, impuesto por la interpretación y lectura que de su pasado hacen críticos e historiadores. Sabemos que toda observación está sujeta a la posición variable del observador, y en este caso soy consciente de en qué medida los artículos se movieron al dictado de muy diversos intereses críticos. Quiere ello decir que conviene relativizar cualquier aproximación a un edificio, pues está sometida a un continuo doble movimiento: el de los edificios en el tiempo, por un lado, y el de los intereses del crítico a lo largo de la historia, por otro.

LA VIDA DE LOS EDIFICIOS. LAS AMPLIACIONES DE LA MEZQUITA DE CÓRDOBA

De la vida de los edificios se ocupan hoy poco quienes escriben de arquitectura. Y, sin embargo, las obras de arquitectura se ven afectadas por el paso del tiempo de manera característica, singular y específica. Una obra de arquitectura envejece de modo bien distinto al que envejece un cuadro. El tiempo no es tan sólo pátina para la obra de arquitectura y, con frecuencia, los edificios sufren ampliaciones, in-

Vista del muro oriental que cerraba la mezquita de Alhaquén II desde la zona amplia de Almanzor.

corporan reformas, sustituyen o alteran espacios y elementos, y su imagen se transforma, cuando no se pierde la que en su origen tuvieron.

El cambio, la continua intervención, es el sino, se quiera o no, de la arquitectura. El deseo de tener en cuenta el continuo cambio, consiguiendo así que una obra de arquitectura responda adecuadamente al paso del tiempo, ha llevado a introducir los conceptos de «flexibilidad» y «multifuncionalidad». Nacen tales conceptos de la idea implícita en que la eterna juventud de un edificio, su resistencia al paso del tiempo, se lograría mediante el proyecto abierto, capaz de permitir la continua adaptación a una realidad forzosamente cambiante. El arquitecto conseguiría que su obra soportara el paso del tiempo siempre que su proyecto pudiera ser calificado como «abierto».[1] Pero la experiencia muestra que la vida de los edificios se nos manifiesta mediante la permanencia de sus rasgos formales más característicos en el tiempo y que, por consiguiente, no radica tanto en el proceso del proyecto como en la autonomía que adquiere un edificio una vez construido.

Dicho de otro modo, el arquitecto levanta un edificio y crea un ente perfectamente comprensible en sí mismo gracias a unos principios formales inherentes a su arquitectura: la obra de arquitectura trasciende al arquitecto, va mas allá del instante en que la construcción se produce y puede, por tanto, ser contemplada a lo largo de las luces cambiantes de la historia sin que su identidad se pierda con el correr del tiempo. Los principios de la disciplina, establecidos por el arquitecto en la construcción de la obra, se mantendrán a lo largo de la historia y, si resultan suficientemente sólidos, el edificio podrá absorber transformaciones, cambios, distorsiones, etcétera, sin que éste deje de ser fundamentalmente el que era, respetando, en una palabra, lo que fueron sus orígenes.

Intentaré explicar algunas de estas ideas sirviéndome de la mezquita de Córdoba, un edificio singular cuya historia abarca un período de ocho siglos. La clave para la comprensión de su desarrollo reside, o al menos a mí me lo parece, en su estructura formal, en los principios en que ésta se apoya, pues tales principios se definieron con la claridad suficiente para que, y a pesar incluso de aparentes contradicciones, estuvieran siempre presentes y siempre fuesen respetados por los arquitectos que sobre la mezquita actuaron, permaneciendo constantes a lo largo de las continuas intervenciones en ella.

La mezquita de Córdoba fue construida por Abderramán I.[2] Córdoba había sido una de las más notables ciudades de la península Ibérica, tanto durante la dominación romana como, más tarde, bajo la dominación visigoda. Era el último puente sobre el Guadalquivir y su importancia estratégica, comercial y política siempre fue apreciada.

Abderramán, príncipe omeya, huyó de su patria por motivos políticos internos y estableció en Córdoba la capital de un nuevo emirato. Cuando, tras guerrear durante años contra los reinos cristianos de la península, restableció la paz, Abderramán decidió erigir un templo que proclamara la solidez de su nuevo reino independiente. El emplazamiento escogido para levantarlo fue, casi inevitablemente, el lugar sagrado por antonomasia de la ciudad, aquel donde los cristianos habían construido la iglesia de San Vicente, dominando el puente sobre el Guadalquivir.[3] Iniciada en circunstancias históricas bien precisas, con propósitos e intenciones que hoy podríamos calificar de fundacionales, la nueva mezquita de Córdoba era, para sus arquitectos, la ocasión adecuada para desarrollar en ella una arquitectura modélica.

Miembro de la familia omeya, Abderramán se preocupó

de que los arquitectos respetasen el precedente de la vieja mezquita de Damasco, aquella que había conocido en su juventud. La de Damasco había sentado las bases tipológicas de la mayor parte de las mezquitas posteriores, al establecer, de una vez por todas, si bien sirviéndose de estructuras y elementos arquitectónicos cristianos, la idea de espacio religioso islámico, un espacio que refleja un nuevo modelo de entender las relaciones entre el hombre y Dios.[4]

Es evidente que los constructores de la mezquita de Córdoba tuvieron presente la de Damasco y que eran conscientes, por tanto, de las claras diferencias que median entre

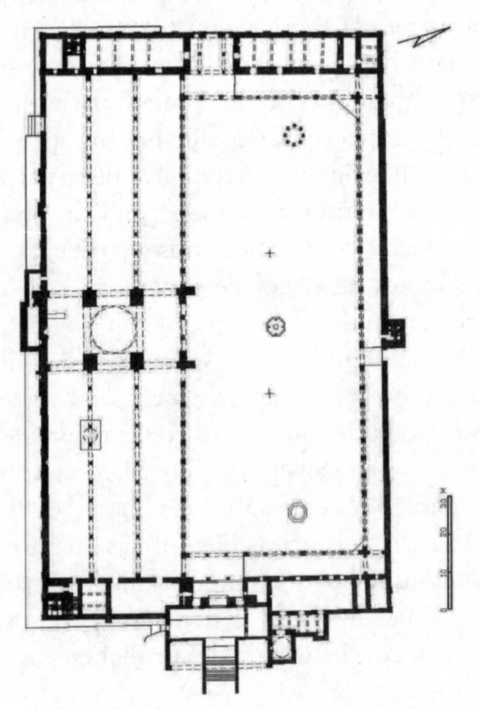

Planta de la mezquita de Damasco.

la teología islámica y la cristiana, diferencias que, naturalmente, iban a quedar reflejadas en su arquitectura.

El islam enfatiza la omnipotencia de Dios, a quien se reserva el poder de creación. De ahí que haya que entender la deliberada ausencia en la cultura islámica de imágenes creadas por el hombre como un signo de respeto a Dios. La extensión de estas ideas a la arquitectura supuso el abandono de la unidad y la singularidad que caracterizaban a la arquitectura tradicional de Occidente, y la aparición, como contrapartida, de una arquitectura genérica y no particularizada. En ella la nueva idea de oración que la religión islámica traía consigo podía encontrar la atmósfera que precisaba: la difusa presencia de Dios se materializaba así en la infinitud del artificial espacio de la mezquita. En otras palabras,

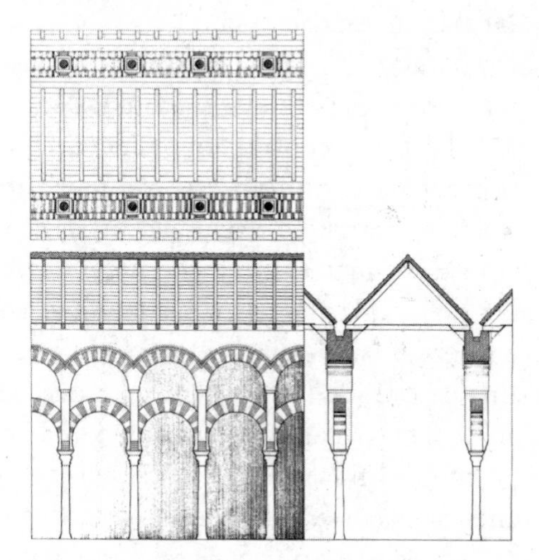

La solución primitiva de las cubiertas según la hipótesis de M. Nieto Cumplido, tomada del proyecto de restauración de R. Moneo y G. Ruiz Cabrero.

tanto la axialidad y secuencialidad como la imponente centralidad de las primeras iglesias y basílicas cristianas desaparecían de las mezquitas en aras de un espacio neutro y sin caracterizar. El foco del espacio cristiano—el altar—era absorbido por el todo. El nuevo foco fue la quibla, un «muro de oración» continuo, con un pequeño nicho—el mihrab—inspirado probablemente en los ábsides cristianos, pero sin la significación litúrgica de éstos. El mihrab, sin embargo, implicaba la necesidad de la simetría, que, una vez más aparece como inevitable principio formal capaz de imponer un cierto orden, incluso bajo las circunstancias de abstracción e indiferenciación inherentes a la arquitectura de la mezquita. La iglesia cristiana, longitudinal y procesional, se transforma en un edificio con patio, a modo de ciudadela sagrada, en el que la transición al espacio cubierto debe entenderse como un paso adelante en la relación, individual y privada, que el islam establece con Dios.

El espacio cubierto de la mezquita de Damasco estaba formado por tres naves paralelas orientadas hacia la pared de la quibla. El espacio central, bajo una cúpula que subrayaba la presencia del mihrab, era todo un tributo a las iglesias cristianas orientales de planta central, herederas de la tradición tardorromana. Era evidente el deseo de relajar la tensión de las iglesias cristianas, debida, unas veces, a la poderosa sensación de direccionalidad; otras, a la existencia de una centralidad absorbente. La pequeña cúpula es más un elemento arquitectónico que una imposición ideológica o ritual. En la mezquita de Baalbek y, más tarde, en algunas de las mezquitas egipcias, este espacio centralizado desaparece y los muros paralelos se convierten en los elementos más importantes del edificio. La mezquita se consolida como un nuevo tipo arquitectónico que, a juzgar por los antecedentes citados, bien puede interpretarse como una transformación radical de la arquitectura basilical tardorromana. La introducción de una sintaxis distinta, inspirada por una concepción del mundo diversa, es, en última instancia, responsable de tal transformación y poco importa que, tanto en Damasco como en El Cairo, se utilicen columnas y otros elementos directamente tomados de la arquitectura romana: la mezquita se presenta como un tipo bien definido, pleno, y con ella toda una nueva arquitectura, la islámica.

Pasemos a Córdoba. Quedó ya dicho que en la mezquita de Abderramán se respetaron tipos establecidos, pero éstos sufrieron en ella tan profundos cambios que cabe el que la consideremos como un acontecimiento arquitectónico único y singular. El primer rasgo que la convierte en singular y única es, sin duda, el cambio en la orientación de los muros: perpendiculares a la quibla, no paralelos, como era la costumbre. Parece lógico si se trata de favorecer la visibilidad de la quibla. Sin embargo, dicho cambio obedece a una compleja decisión estructural que fue, como se verá más adelante, definitiva en la ordenación espacial de la mezquita.

Una descripción simple de esta estructura consistiría en afirmar que los muros de carga han sido horadados sirviéndose de arcos sobre columnas, pero eso significaría la reducción del problema constructivo que la mezquita implica a un problema de geometría en el plano. La razón por la que se habla de muros al describir la mezquita quizá se deba a que se identifican, metafóricamente, muros y acueductos. Así vemos cómo, en la mezquita de Córdoba, el sistema de muros, que drena a un tiempo que cubre el área, se conviene en un ámbito del máximo interés espacial cuando los muros aceptan, con ingenua literalidad,[5] su condición de acueductos. Pero a renglón seguido, tras admitir el valor de la metáfora, hay que hacer constar que ésta es, simplemente, un punto de partida, ya que la técnica constructiva definitiva no fue desarrollada de acuerdo sólo con dicha «imagen»: el considerar la disponibilidad de los «elemen-

El «muro-acueducto» perpendicular a la quibla, que resuelve el drenaje de la cubierta y simultáneamente la estructura constructiva y la espacial de la mezquita. Por otra parte, el grosor de los muros permite otra lectura espacial: en dirección paralela a la quibla.

tos ya usados» iba a ser un dato clave para los arquitectos que hicieron de los mismos la base de su trabajo.

Los materiales, pues, estaban dados; «elementos ya usados» eran columnas y capiteles procedentes tanto de edificios romanos como de primitivas iglesias cristianas y visigodas: su condición singular y completa los dotaba de cierta aura intemporal. De hecho, se trataba de elementos que, en su radical soledad y autonomía, podían ser reutilizados sin atender al marco estilístico que los produjo.[6]

Contando con ellos, y con una idea previa de la estructura como un todo, el arquitecto de la mezquita de Córdoba definió la estereotomía de los arcos sobre pilares y los arcos de herradura y acudió a la construcción tradicional en madera sustentada por muros de carga a la hora de resolver techos y cubiertas.[7] La construcción exigió la aparición de algunos elementos nuevos, tales como los cimacios, elementos que facilitaban el ajuste entre los «elementos ya usados» y la geometría a que obligaba la disposición de la mezquita.

Una interpretación pragmática podría sugerir que el arquitecto, queriendo dar mayor altura al techo y no contento con colocarlo sobre un muro sustentado por una cadena de arcos de herradura sobre las columnas, decidió incorporar una nueva cadena de arcos de medio punto—un segundo orden—para lograr la deseada altura. Por otra parte, la mayor anchura del área superior podía explicarse por la presencia de un canalón de desagüe que obliga a un mayor espesor del muro y, por consiguiente, del arco. No obstante, si lo que buscamos es una explicación que nos permita entender los problemas formales de la mezquita, habremos de considerar un mayor nivel de complejidad para entender el modo de pensar de los arquitectos, modo de pensar que es responsable en último término de los principios for-

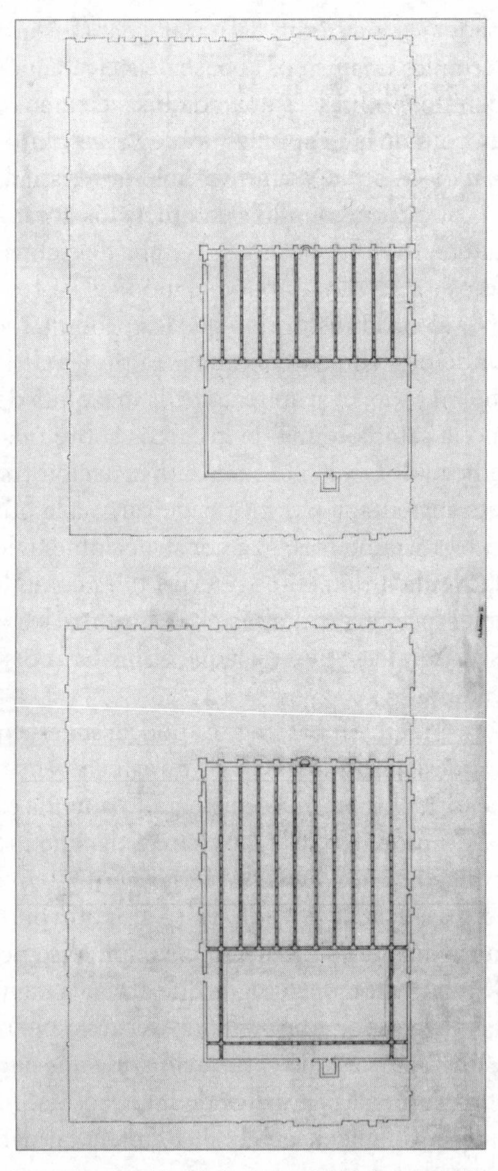

Las mezquitas de Abderramán I y Abderramán II.
En puntos, el perímetro final del edificio.

males que le permiten construir. Así, admitiendo la voluntad explícita les una mayor altura ésta, por tanto, como el fin perseguido, podríamos entender la estructura como cadenas de arcos de medio punto sobre pilares esbeltos, atados éstos por un elemento transversal hipotético—el arco de herradura—incorporado al conjunto para garantizar la estabilidad del mismo. De este modo, la mezquita de Córdoba pasaría a ser un sistema formado por muros-acueductos que se producen perpendicularmente a la quibla y son responsables, en último término, de la experiencia espacial: la única dirección perceptible sería entonces la perpendicular a la quibla.

Sin embargo, si consideramos el grosor de esos muros paralelos, podría entenderse que los arcos de medio punto definen una serie de bóvedas continuas, introduciéndose así una segunda dirección, la paralela a la quibla.

De la intersección de ambos sistemas, una intersección que, naturalmente, es virtual, pero que es también irreducible, depende la estructura formal de la mezquita. En ella radica, en última instancia, la definición arquitectónica de la misma: tal «intersección virtual» es la que permite al arquitecto la construcción. De ahí que el espacio real de la mezquita contemple la supresión de ambas direcciones y que la insistente y poderosa presencia de las columnas pueda ser entendida como el resultado de la intersección de dichos planos virtuales. El espacio definido por las columnas, la abstracta malla que forman, en la que toda alusión al pasado se disuelve, es una clara expresión del nuevo espacio religioso, neutro e indiferente, que hemos descrito antes; pero también cabe entenderla en términos estrictamente formales, aquellos de los que el arquitecto ha de servirse para poder sentar las bases desde las que construir sus obras.[8]

En cualquier caso, ya sea partiendo del análisis de la cubierta o bien siguiendo el orden cronológico con que se lleva a cabo la construcción, habrá que considerar otras intervenciones que, no por ser menores, pueden ser calificadas como secundarias. A ellas se confía, en algunas ocasiones, la articulación de los diferentes elementos. En otras, subrayan, simple y eficazmente, la estructura formal del edificio. Pero, tanto en unas como en otras, tales intervencio-

En la primera mezquita se fija la solución constructiva. Sobre un capitel y una columna romana se levantan los arcos. Aparecen elementos nuevos: el cimacio, el modillón de rollos y el propio trazado y despiece del arco.

nes deben entenderse siempre como acciones que propician al arquitecto la flexibilidad necesaria para trabajar con piezas preexistentes. Así se explica el elemento que soluciona la parte superior del capitel, donde convergen el pilar, el arco de herradura y la columna-capitel. El arquitecto definió un nuevo elemento, tan simple como eficaz, que resolvía la conjunción de todos ellos. En otro orden de cosas, la transición de la base cuadrada a la sección rectangular de los pilares fue solucionada con un elemento que con el tiempo adquiriría una singular relevancia en la arquitectura islámica y mozárabe: el llamado, por Gómez Moreno, modillón de rollos.[9]

Otro rasgo importante de la mezquita de Córdoba lo constituyen las dovelas coloreadas de los arcos. A menudo se ha comentado que ya habían sido utilizadas en la arquitectura siria, así como en algunas obras romanas—el acueducto de Los Milagros en Mérida, por ejemplo—, insistiendo así en una estrecha relación entre los ejemplos romanos y la mezquita de Córdoba.[10] Pero cabe, también, ver las dovelas coloreadas como una prueba más de la presencia del mecanismo formal antes descrito en Córdoba. Podría entenderse como el resultado de una íntima superposición: la forma arquitectónica es en la mezquita de Córdoba el resultado de una interacción entre formas simples y elementos, con significados autónomos y propios, en muy diversos planos, que se pierden en el nuevo todo; la forma final es una forma integrada, en la que los componentes que la constituyen desaparecen y pierden su respectiva identidad singular, dando lugar a una nueva lectura. El arco de herradura, por ejemplo, es un elemento estructural que da estabilidad a las esbeltas pilastras sobre las columnas, pero, al mismo tiempo, cumple con una delicada función formal al subrayar la realidad espacial de las directrices paralelas a la quibla que se dibujan en interminable imagen perspectiva con su ayuda. Las dovelas coloreadas, a su vez, favorecen tal interpretación, al poner de manifiesto la colisión entre los arcos de herradura y las pilastras.

Hemos llegado, pues, a un punto en el que cabe afirmar que los principios formales de la mezquita de Córdoba estaban tan claramente establecidos desde su origen y eran, por otro lado, tan determinantes que las ampliaciones posteriores del edificio no supusieron transformaciones radicales del mismo. La futura vida de un edificio está implícita en los principios formales que lo han hecho nacer, y de ahí que su entendimiento nos proporcione una pista para comprender su historia. Tal haremos ahora al ver de qué modo están dichos principios presentes en la larga vida de la mezquita.

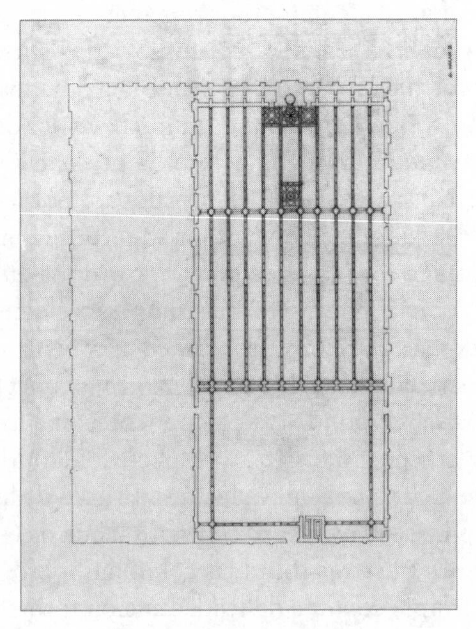

La mezquita de Alhaquén II.

Cuando Abderramán II quiso ampliar la mezquita, la cuestión era clara: la mezquita crecería hacia el sur. El muro de la quibla fue parcialmente derribado para permitir el paso a través de él y se construyeron ocho nuevas arcadas. Se conservaron los restos de la antigua quibla porque suprimirlos hubiera sido arriesgado, ya que era preciso contrarrestar el empuje horizontal de las cadenas de arcos. Pero la sensación espacial no cambió, y el hecho de la nueva intervención fue absorbido por el espacio existente sin que se produjeran cambios fundamentales; los restos de la vieja pared de la quibla iban a ser, en el futuro, tan sólo un accidente en el continuo espacio de la mezquita. Curiosamente, se llevó a cabo una importante modificación de los modillones de rollos—se simplificaron sus molduras—, lo que demuestra que el constructor era consciente de los problemas formales.[11]

Mohamed I, hijo de Abderramán II, concluyó la obra iniciada por su padre levantando el muro occidental.[12] A él se atribuye la Puerta de San Esteban, donde, una vez más, es el mecanismo de superposición el que nos permite comprender el complejo sistema geométrico que rige su construcción. Sería muy difícil explicar una ornamentación tan intrincada si no acudiéramos a la idea de superposición como mecanismo formal básico. Sólo así puede entenderse cómo el plano del muro es trabajado como plano geométrico: en él se entrecruzan y traban diversos planos virtuales, definiéndose toda una serie de convenciones geométricas que hacen posible la construcción de la arquitectura.[13]

Bajo Abderramán III, en el apogeo del emirato, se realizaron pequeñas reformas. Las obras continuaron y se levantó una segunda fachada, doblando la que ya existía y repitiendo el lema de las columnas unidas a pilastras.[14] Más adelante, en las ampliaciones posteriores, esta solución de la doble pared volvería a ser utilizada, convirtiéndose lo que había sido específico y singular, dictado por la necesidad, en reproducible modelo.

La de Alhaquén II fue, sin lugar a dudas, la más importante de todas las extensiones: transformó completamente

La capilla de Villaviciosa.

las dimensiones de la mezquita e introdujo un nuevo orden espacial. La escala de esta intervención provocó la necesidad de dar una nueva interpretación a toda la mezquita: por obra del arquitecto de Alhaquén, la mezquita se convirtió en un nuevo edificio en el que atrevidas invenciones conviven con los, previamente establecidos, poderosos principios formales.[15]

La primera mezquita—la de Abderramán I—era un amplio recinto en el que se había olvidado toda alusión a la direccionalidad procesional que caracterizaba a las iglesias cristianas. Se mantuvo, como ya quedo dicho, el recuerdo de la mezquita de Damasco al prevalecer en su estructura la dirección paralela a la quibla, a pesar de la nueva orientación de las naves. La ampliación de Abderramán II neutralizó el espacio, dejándolo prácticamente cuadrado. La mezquita primitiva, la mezquita de Abderramán I, quedó de hecho convertida en un recinto que daba acceso a la obra nueva, de modo que ésta podía ser considerada como un espacio, en cierto modo, autónomo e independiente. Pero aun así, cabe señalar que la escala de la intervención, cuidadosamente establecida, permitió que el espacio permaneciera inalterado.

La posterior ampliación de Alhaquén introdujo decididamente el sentido de profundidad—opuesto a la condición plana, frontal, de la primera mezquita—, transformando por completo la construcción existente mediante el uso de nuevos elementos y la incorporación de nuevos mecanismos formales; pero la mezquita se transformó sin que la continuidad con lo ya construido se perdiera. Las mezquitas de Abderramán I y Abderramán II se convirtieron en el umbral verdadero y auténtico santuario, en el obligado paso a la nueva mezquita.[16] El nuevo recinto, la ampliación de Alhaquén, tenía en planta, más o menos, las mismas proporciones que la primera mezquita, pero no sería posible establecer un paralelo entre ambas si se tienen en cuenta los acusados matices diferenciales que las separan. Con extremo cuidado se horadó de nuevo el muro de la quibla, volviendo a utilizarse columnas adicionales que, al situarse sobre la nave, la estrechaban, evidenciándose así que se trataba de un acceso al nuevo recinto. Era al llegar a él cuando el cambio más importante se introdujo, al construir unos sofisticados lucernarios con la ayuda de altas cúpulas de estructura nervada, que iban a tener una decisiva influencia tanto sobre la planta como en el aspecto de los espacios interiores, dado que alteraban las condiciones de iluminación de los mismos. Por un lado, cúpulas y lucernarios facilitaban el camino hacia el mihrab, y por otro, creaban espacios independientes y autónomos, susceptibles de ser apreciados en sí mismos, a pesar de estar apoyados sobre la genérica trama de columnas de la mezquita.

El primero de estos espacios—la capilla de Villaviciosa—es un recinto virtual que se encuentra situado sobre el eje que lleva al mihrab en el umbral de entrada al área construida por Alhaquén. Ocupa tres intercolumnios de la nave axial y está definido por un par de columnas colocadas en el vano central, reforzándose los ángulos del rectángulo ficticio con tres columnas independientes. Esta estructura, de planta simple, sostiene un volumen muy complejo: los planos en que están contenidos los arcos se tuvieron que modificar sustancialmente dada la necesidad de unos muros en lo alto que soportasen la cúpula.

La mezquita quedó así realzada, y hubo que cambiar la estructura precedente, demasiado ligera. El arquitecto de la ampliación dio con una solución sutil al construir un pseudomuro con arcos entrelazados, sirviéndose para ello de la misma compleja geometría utilizada en otros elementos de la mezquita. El mecanismo de superposición de que antes hablábamos cobró, una vez más, definitiva importancia en los horadados muros, convertidos ahora en complejas estructuras tridimensionales: la clave para comprender esta geometría radica en hacer que los planos siempre sean tales y en la ficción de que sobre uno de ellos pueden superponerse otros relacionados entre sí mediante el trazado.[17]

Este modo de concebir la construcción de la arquitectura alcanzó su más alta cota, tanto de complejidad como de belleza, en las cúpulas de la mezquita de Córdoba, donde, más de un siglo antes de la aparición de la bóveda nervada

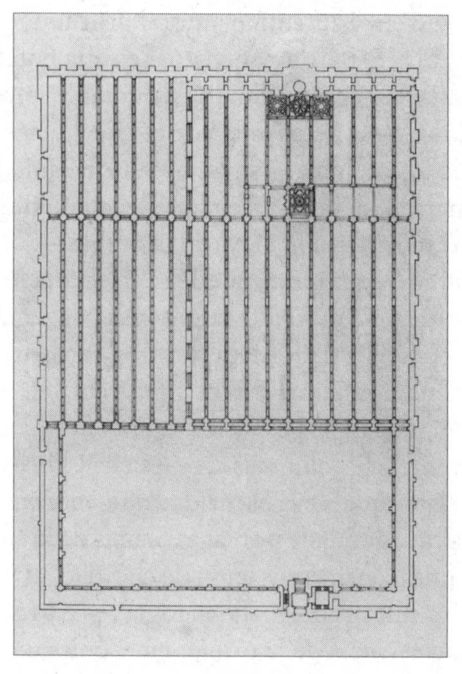

La mezquita ampliada por Almanzor a su extensión definitiva.

en Francia, se cubrió un espacio abovedando con nervaduras, y se dio lugar a una obra de arquitectura en la que se mezclaban la invención tecnológica y una delicada geometría.[18] Los arcos mantienen su integridad, pero, al mismo tiempo, hay una conciencia de la tridimensionalidad que convierte a las cúpulas en elementos autónomos e independientes. La arquitectura ha estado a menudo íntimamente ligada a la geometría, pero esta íntima relación entre arquitectura y geometría pocas veces ha alcanzado el cénit de perfección a que se llegó en la mezquita de Córdoba, donde la estereotomía se produjo con precisión admirable.

La nueva capilla de Villaviciosa desempeñó el papel de rótula, de puerta virtual, entre la vieja y la nueva mezquita, y se convirtió en el auténtico umbral del camino que llevaba a la quibla. Esta función virtual estaba enfatizada por la luz, que, al ser cenital, dotaba de notable importancia a ese obligado lugar de paso desde el que se accedía al más sagrado de los recintos. Así, la más tarde llamada «capilla del lucernario», definía el camino hacia la quibla y anticipaba la presencia—al final, ya en la quibla—del lugar más sagrado, el Mirab, presencia que se hacía evidente al fondo, con la luz, que dibujaba fantásticas imágenes al filtrarse entre geometría de los tres recintos construidos en sus inmediaciones según principios similares.

La autonomía de los espacios se manifiesta una vez más en la existencia de columnas en el espacio libre de la nave. Debe señalarse que, en la oscuridad de la mezquita, esta pared, más alta, iluminada por las ventanas de la cúpula, proporciona una extraña sensación de claridad, al caer la luz a través de los huecos que definen los arcos entrelazados. La neutralidad espacial de la primera mezquita dio paso a un complejo espacio en el que la luz jugaba un primordial papel. Y tal vez sea éste el lugar adecuado para advertir que, al producirse en un medio como la arquitectura islámica, caracterizado por la ausencia de secuencialidad espacial, las intervenciones puntuales se hicieron más evidentes. El resultado fue una experiencia arquitectónica en la que los mecanismos formales no se nos imponen autoritariamente y tan sólo la curiosidad del estudio los desvela.[19]

La siguiente ampliación de la mezquita fue obra de Almanzor, quien se hizo con el dominio del Califato cordobés a la muerte de Alhaquén. La nueva ampliación de la mezquita no se justificaba ni desde el proceso de desarrollo del edificio mismo—su lógica interna—ni por la necesidad de una mayor área de espacio sagrado, y sólo tenía sentido desde el punto de vista político, como obra pública monumental, como demostración de poder.

La ampliación se llevó a cabo lateralmente, ignorando por tanto el eje de la entrada, y no aportó a la mezquita novedades. La pared de la quibla había sido construida hacía poco tiempo y, felizmente, no fue alterada. Para tratar de explicarnos el sentido que tiene la nueva ampliación, únicamente podrían aducirse razones que apuntasen hacia el deseo de conseguir un espacio más equilibrado, más cuadrado, que neutralizase la axialidad de la mezquita de Alhaquén. Sin embargo, a pesar de los comentarios desfavorables que le han dedicado tanto historiadores como críticos, merece, en nuestra opinión, cierta consideración.

Constituye una clara muestra de la sensibilidad del arquitecto el que supiera apreciar la necesidad de dividir la gran superficie construida, para lo que prolongó la quibla de Abderramán II. La cruz, formada por el muro oriental y dicha quibla, pasó a ser uno de los elementos más importantes de la mezquita. Se introducía con ello un nuevo elemento, una estructura maciza en el espacio vacío de las columnas, que iba a dar lugar a un nuevo modo de orientarse: en el bosque de columnas, los dos gruesos muros perpendiculares que Almanzor construye imponen una nueva lectura de la mezquita. Anulada la direccionalidad de la mezquita de Alhaquén, el espacio indiferenciado volvió a ser el rasgo mas característico del edificio.

Además, puede observarse la pericia del arquitecto—probablemente aún bajo la influencia de los constructores de Alhaquén—en las soluciones dadas a los problemas específicos. Esto puede apreciarse en la habilidad con que se abrieron las puertas que comunican ambas mezquitas: se sustituyeron los contrafuertes del muro oriental y se falseó el gro-

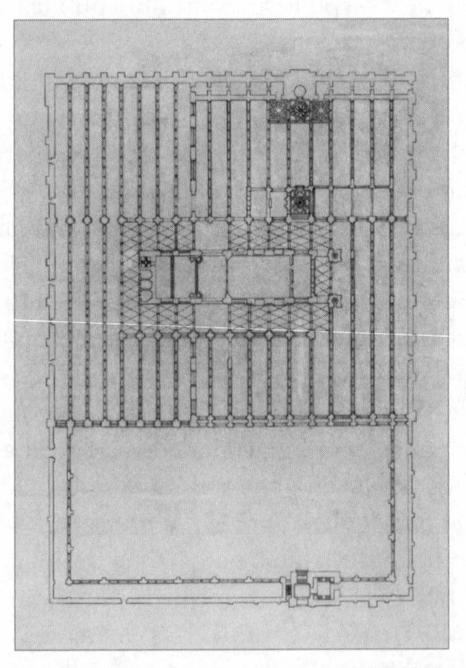

Planta de la mezquita en la que se dibuja la «primera» catedral de estilo gótico y el gran crucero de Hernán Ruiz.

sor del muro mediante arcos de herradura de notable envergadura sostenidos por un par de columnas.[20]

No obstante, las columnas perdieron su línea refinada y los capiteles no fueron esculpidos con la exquisita delicadeza que había caracterizado el período de Alhaquén. En efecto, los elementos de la ampliación de Almanzor carecieron de la elegancia que distinguió a sus predecesores, si bien la abstracta síntesis de los capiteles muestra un talento que merece nuestra admiración y respeto.

Durante los dos siglos posteriores la mezquita de Córdoba permaneció como la había dejado Almanzor. Pero a principios del siglo XIII la ciudad cayó en manos cristianas y la mezquita volvió a ser objeto de cambios y alteraciones.

Parece ser que la transformación de la mezquita en iglesia cristiana se llevó a cabo sin que su estructura arquitectónica resultase afectada. Fernando III el Santo ocupó discretamente una de las esquinas de la ampliación de Almanzor para celebrar en ella el culto de los conquistadores. Algunos años después, la entrada a la mezquita de Alhaquén—la primera de las cúpulas de arcos cruzados y maravillosos lucernarios—pasó a ser la capilla mayor y se llamó a partir de entonces «capilla de Villaviciosa». Quedó allí establecido el foco cristiano de la mezquita, en tanto que el resto permaneció prácticamente inalterado.

Cuando Alfonso X el Sabio decidió construir una nueva capilla en la que habría de ser enterrado, lo hizo junto a la capilla de Villaviciosa.[21] Es interesante subrayar aquí que la capilla real fue construida a la manera de la mezquita y, por supuesto, ejecutada con mano de obra islámica, sin dar paso al estilo de los conquistadores, el gótico. Esto indica una cierta tolerancia por parte de los constructores cristianos hacia el medio cultural y religioso de los vencidos. La capilla real repitió el esquema estructural de las cúpulas ya construidas, añadiendo únicamente una decoración más profusa, menos tensa.

La mezquita permaneció, por tanto, casi inalterada desde la época de Almanzor hasta finales del siglo XV. Fue entonces, en el año 1189, cuando el obispo Manrique, influido sin duda por el renacido estado de guerra—Granada, último de los reinos moros, caería poco después—, decidió transformar la mezquita en una auténtica iglesia cristiana.

La falta de articulación espacial de la mezquita era inadecuada para el culto cristiano, familiarizado a lo largo de siglos con la axialidad de las basílicas y de las catedrales. Y, por ello, el primer paso hacia la iglesia cristiana fue abrir

una nave longitudinal, lo que fue posible con la simple sustitución de tres arcos por un solo arco ojival. Así comenzó una nueva época en la vida de la mezquita de Córdoba. Debe, sin embargo, subrayarse que los constructores cristianos actuaron con profundo conocimiento de la mezquita y de su significado. Tal conocimiento se hacía especialmente evidente en el cambio que se produjo en la orientación. Los constructores cristianos comprendieron el valor de la orientación y, en cuanto que pretendían eludir la utilización de la mezquita islámica, la trastocaron radicalmente. Por otra parte, el eje de la antigua mezquita de Alhaquén quedó cortado por la iglesia longitudinal que se insertó en ella. Tal inserción se llevó a cabo con gran precisión: los constructores cristianos eligieron el límite entre las mezquitas de Abderramán II y Alhaquén y, al hacerlo, distorsionaron el orden de la mezquita manipulando por completo su arquitectura. Así, sirviéndose de mano de obra morisca, situaron la cabecera de la nueva iglesia en la llamada capilla de Villaviciosa. La antigua articulación entre las mezquitas de Abderramán II y de Alhaquén, punto crucial del conjunto, quedó así transformada en el crucero virtual de la nueva iglesia cristiana.

También, desde un punto de vista pragmático, la nueva iglesia iba a quedar inteligentemente emplazada: los constructores cristianos soportaron el empuje horizontal de sus arcos apoyándolos en una de las viejas quiblas, con lo que sólo se precisó colocar contrafuertes en uno de los lados. La primera intervención cristiana en la mezquita se caracterizó, pues, por su economía y, a la vez, por su eficacia.

La segunda intervención requiere un análisis más cuidadoso; no es tan clara como la primera, y la misma incertidumbre que acompañó a su construcción ha estado siempre presente en las críticas de que ha sido objeto.[22]

La mezquita de Córdoba, que había sobrevivido doscientos años en manos de cristianos sin cambios sustanciales, se encontraba en notable peligro cuando, al final de la guerra, con la caída de Granada en 1492, surgieron voces que, no contentas con haber instaurado el culto cristiano en ella, reclamaban su completa transformación en una auténtica catedral cristiana. Tal propósito dio lugar a vivas disensiones, con intervenciones reales y clamor popular, que sólo concluyeron cuando, en 1523, Carlos I aprobó el proyecto del Cabildo. Los cristianos estaban inquietos al percibir lo sagrado en el espacio de la mezquita y veían la construcción de la nueva catedral como necesaria purificación de aquélla. Nadie se lo planteó en términos de una ampliación, de una nueva estructura. La discusión se centró más bien en cómo construir en el interior de la vieja mezquita: inclusión en vez de extensión.

La obra fue encargada a un experto arquitecto castellano, Hernán Ruiz el Viejo, que trabajaba en la próspera Andalucía del siglo XVI, donde era muy respetado como maestro de obras de la catedral de Sevilla.[23] Se ha de reconocer que, a pesar de las duras y repetidas críticas que ha recibido la catedral, la obra de Hernán Ruiz fue realizada con talento y habilidad. Se trataba de un encargo difícil y fue resuelto con extrema sabiduría: nadie podrá negar que para insertar una catedral tardogótica en la estructura continua—y frágil—de la mezquita era preciso poseer una idea clara de ambas arquitecturas. Hernán Ruiz las conocía bien y fue capaz de realizar dicha adecuación sin causar daños de consideración a la vieja estructura, la cual impuso ciertas limitaciones positivas a la nueva.

La elección del emplazamiento dentro de la mezquita se llevó a cabo con plena conciencia de los problemas que implicaba y se resolvió con un talento magistral. Como había ocurrido en la construcción de la primera iglesia cristiana, el análisis de los elementos existentes fue llevado a cabo rigurosamente y su reutilización en el nuevo edificio contribuyó al éxito de la operación. Así, la pared de la quibla construida por Abderramán I—que había sido perforada por Abderramán II y prolongada más tarde en la ampliación de Almanzor—fue considerada acertadamente como uno de los elementos más sólidos de la mezquita y empleada como base de una serie de contrafuertes. El sistema simétrico resultante absorbió dos de las columnas, lo que garantizó el máximo respeto posible hacia la estructura existente sin pérdida de sus elementos.

Tal respeto a la malla de columnas—continua y rectangular—es evidente en la planta del recinto gótico, definida a partir de la elección de una línea de referencia en la más antigua de las quiblas, lo que implica la aparición, la obligada simetría de una pared nueva sin que haya ningún elemento estructural sustantivo fuera de la malla de esbeltas columnas de la mezquita.

La formación del crucero se realizó con el apoyo del muro oriental—perforado en la ampliación de Almanzor—y la carga horizontal fue absorbida por un sistema de contrafuertes transversales y por un nuevo elemento estructural creado sobre la malla de columnas. Los esfuerzos horizontales de la puerta y la entrada a la nave fueron absorbidos por una serie de pequeñas capillas traseras y por un prepórtico que definía un recinto ante la entrada.

La nueva catedral exigía una nueva lectura del edificio: se había roto la continuidad del espacio que debía entenderse como un espacio fragmentado en el que aparecía ahora—milagrosamente—una nueva arquitectura, cuya caracterización estilística sería difícil. El eje que llevaba al mihrab fue empleado como camino de entrada a la catedral, y sobre él se construyó el prepórtico que da origen a la nave. Pero el eje de la mezquita quedó interrumpido por la superposición de las dos iglesias cristianas, y con ello el itinerario de Alhaquén hacia el foco más sagrado se perdió definitivamente. A partir de entonces la mezquita, a pesar de la aparente regularidad del muro perimetral, pasó a ser un edificio fragmentado y de difícil lectura.

La inserción de la catedral fue realizada con tal precisión que su presencia en el interior de la mezquita constituye una continua sorpresa para quien ama detenerse ante los problemas que gravitaron sobre el trabajo del arquitecto. En la planta no se aprecia el ingenioso modo en que el impresionante hueco de la catedral niega violentamente la modesta altura de la mezquita, aumentando así el dramatismo que implica el encuentro de dos arquitecturas tan diferentes. Paradójicamente, la catedral favorecía la unidad de la mezquita. Incluso la ampliación de Almanzor, que hasta entonces había carecido de sentido, adquirió coherencia al envolver el cuerpo de la iglesia cristiana. Con esta operación se desvaneció la presencia—enfatizada por las distintas quiblas—de las mezquitas anteriores, desde Abderramán I hasta Almanzor, y sólo sobrevivió una mezquita: la compleja e inaprensible mezquita de Córdoba.

La mezquita fue objeto de algunas transformaciones posteriores, como la construcción de la sacristía y la adición de una serie de capillas al muro lateral. Sin embargo, a pesar del impacto que produjo la mole de la sacristía en la planta de la mezquita, la idea del edificio no resultó afectada, por lo que concluiremos aquí nuestro comentario. Es, por tanto, el momento de considerar las reflexiones que surgen del análisis de la vida de un edificio como la mezquita de Córdoba. Muy a menudo, críticos e historiadores han lamentado lo ocurrido y han propuesto incluso limpiar la mezquita eliminando la última intervención, aquella que llevó a la construcción de la catedral cristiana. Se ha citado repetidamente el testimonio de Carlos I, porque se sabe que en su visita a Córdoba quedó fascinado por la mezquita y que, ante sus consejeros, que le recomendaban autorizar la construcción de la catedral, protestó diciendo que, al realizar «lo que puede hacerse en otras partes», se destruiría para siempre «lo que era singular en el mundo».[24] No creo, sin embargo, que todas estas modificaciones hayan destruido la mezquita. Más bien pienso que el hecho de que la mezquita siga siendo ella misma después de todas las intervenciones constituye un homenaje a su propia integridad. Sus rasgos físicos generales, su arquitectura, han permanecido, a pesar de los avatares que aquí se han referido. Que la vida futura de un edificio esté implícita en su arquitectura no significa que la historia fluya a través de él, convirtiéndose en automático reflejo del paso del tiempo. La vida de un edificio es una carrera completa a través del tiempo, una carrera que soporta su arquitectura, aquellos rasgos formales que la caracterizan. Esto significa que, a partir del momento en el que el edificio surge como la realidad pretendida por el proyecto, tal realidad se mantendrá sólo en virtud de su arquitectura, experimentando ésta su propio y peculiar desarrollo a lo largo del tiempo.

Se tiende a pensar que la vida de los edificios concluye con su construcción y que la integridad de un edificio consistiría en mantenerlo exactamente como lo dejaron sus constructores. Esto reduciría dicha vida a la realidad consolidada de un preciso instante. En ocasiones se puede insistir en la conservación estricta de un edificio; sin embargo, eso significa, de algún modo, que el edifico ha muerto, que su vida—tal vez por razones justas e inteligibles—ha sido interrumpida violentamente. Estoy de acuerdo con los comentarios que Ruskin hace en la *Lámpara de la memoria*, cuando explica cuáles son sus ideas acerca de la restauración y de los problemas que ésta implica.[25] Viene a decir que un edificio sin vida deja de ser un edificio y se transforma en otra clase de objeto. Un museo de arquitectura es algo imposible, y los intentos que se han hecho por crearlo han demostrado que es posible coleccionar fragmentos de arquitectura, que tal vez ilustran, pero que no permiten alcanzar la experiencia que como singular fenómeno toda arquitectura implica.

Si la arquitectura se estableció con firmeza, permanecerá abierta a nuevas intervenciones que prolongarán indefinidamente la vida del edificio. La mezquita de Córdoba es quizá un ejemplo excepcional: sus rasgos, sus mecanismos formales de composición, son tan firmes que una vez que se definieron fijaron para siempre tanto la imagen como la estructura del edificio, sin que ni la una ni la otra se vieran sustancialmente alteradas por las intervenciones que se produjeron a lo largo del tiempo. Este modo de entender la vida de los edificios está muy lejos de los conceptos de flexibilidad y multifuncionalidad propuestos por la teoría arquitectónica de hace unos años como solución a los problema creados por la ineludible temporalidad de la arquitectura. Al mismo tiempo, la idea de «vida» que estoy proponiendo aquí no debería confundirse con metáforas biológicas: estoy refiriéndome a una vida histórica real y no a una vida analógica. La vida de los edificios está soportada por su arquitectura, por la permanencia de sus rasgos formales más característicos y, aunque parezca una paradoja, es tal permanencia la que permite apreciar los cambios. El respeto a la identidad arquitectónica de un edificio es aquello que hace posible el cambio, aquello que garantiza su vida.

NOTAS

[1] En los años sesenta, «apertura» fue sinónimo de modernidad. Recuérdese el título del libro de Umberto Eco *Opera aperta* como claro testimonio de tal actitud.

[2] Para una visión general de la mezquita de Córdoba, véanse: Chueca, *Historia de la arquitectura española*, Madrid, Dossat, 1965; M. Gómez-Moreno, *El arte árabe español hasta los almohades*, Madrid, Plus Ultra, 1951; L. Torres Balbás, *La mezquita de Córdoba y las ruinas de Madinat al-Zahra*, Madrid, Plus Ultra, 1952. Pueden hallarse estudios específicos sobre las sucesivas ampliaciones en: E. Lambert, «Las tres primeras etapas constructivas de la mezquita de Córdoba», en *Al-Andalus*, t. III, Madrid, 1935, pp. 391-392; E. Lambert, *Études sur la grande mosquée de Cordoue*, en *Études Médiévales*, Toulouse, Privat-Didier, 1956. Véanse también los estudios de K. A. Cresswell, *A Short Account of Early Muslim Architecture*, Londres, Penguin, 1958; y de G. Marcais, *L'architecture musulmane d'Occident*, París, 1954. Respecto a la cultura hispano-islámica, véanse H. Terrase, *L'Islam d'Espagne*, París, Plon, 1958, y F. de Montequin, *Compendium of Hispano-Islamic Architecture*, Saint Paul, Minn., 1976.

[3] Veánse M. Gómez-Moreno, *op. cit.*, pp. 19-20, y, más adelante, pp. 24-30. La antigua iglesia de San Vicente era compartida por ambos cultos, cristiano y musulmán, tras la conquista árabe. La mitad perteneciente a los cristianos se compró en 786. Probablemente, San Vicente fuera una iglesia importante, aunque no podemos conocer su aspecto; no obstante, Gómez-Moreno sugiere que «el empleo de sus materiales está fuera de duda y, probablemente, se realizó a gran escala». Acerca de San Vicente, véase también: M. Ocaña Jiménez, «La basílica de San Vicente en la gran mezquita de Córdoba», en *Al-Andalus*, t. VI, Madrid, pp. 347-366.

[4] Otros escritos sobre la mezquita han insistido también en esta fuerte relación entre arquitectura y pensamiento teológico; véanse: Gómez-Moreno, *op. cit.*, p. 30, y L. Torres Balbás, *op. cit.*, pp. 11-12. Pero ha sido sobre todo F. Chueca, discípulo de ambos, quien ha desarrollado ese tema en su libro *Invariantes castizos de la arquitectura española*, Madrid, Dossat, 1947, donde explica brillantemente—al comienzo del segundo capítulo—los nexos existentes entre arquitectura y teología: niega la forma completa y explica que el dominio del ser humano es lo discontinuo. Por ello no existe en la mezquita de Córdoba un único punto

de vista como había en el espacio perspectivo continuo de la arquitectura tradicional de Occidente.

[5] Gómez-Moreno, Torres Balbás y Chueca ven en el acueducto de «Los Milagros» de Mérida un precedente de la mezquita de Córdoba. Torres Balbás ha insistido a menudo en lo que debían los constructores islámicos a los romanos; no cabe duda de que los árabes conocían bien la arquitectura romana desde su paso por el norte de África camino de España.

[6] Basas, columnas, capiteles y salmeres fueron tomados de diversos edificios de todo el país. El arquitecto los utilizó para definir una superficie horizontal sobre la que erigir el sistema de arcos y muros. Muy a menudo, al nivelar el suelo—horizontalmente—algunas basas quedaban enterradas.

[7] Puede hallarse un análisis completo del arco de herradura en E. Camps y Cazorla, *Modelo, proporciones y composición en la arquitectura califal cordobesa*, Madrid, CSIC, 1953. Una vez más, Torres Balbás insiste en su origen romano, *op. cit.*, p. 30.

[8] En una lectura que partiera del techo, la mezquita de Córdoba podría entenderse claramente como un sistema de pilares y arcos que definen un muro. Estos pilares han sido cortados y se apoyan sobre una sofisticada cadena de arcos y columnas, que los sostiene con impensable equilibrio; en esa interpretación, los arcos de herradura hacen de ligazón entre los pilares, garantizando la estabilidad. Sin embargo, si partimos del suelo, el frágil sistema de columnas y arcos aumenta de grosor, definiendo una cadena continua de medio punto que permite una cubierta horizontal. Evidentemente, la razón de ser del complejo mecanismo formal que liga la columna al muro que caracteriza la mezquita de Córdoba no es el simple deseo de elevar el techo. Y en esta pugna sutil entre el arco de herradura y el de medio punto, «el arquitecto de la mezquita de Córdoba prefirió el de herradura al de medio punto, acorde con la tradición visigótica, por razones estéticas, ya que es difícil hallar otro motivo», Gómez-Moreno, *op. cit.*, p. 36.

[9] Parece que este punto fue la clave para toda la solución de la mezquita de Córdoba. La habilidad del arquitecto se hace evidente al confiar la transición del pilar al salmer a un nuevo elemento, el «modillón de rollos». El libro de Gómez-Moreno *Iglesias mozárabes españolas; arte español de los siglos IX al XI* identifica una serie de iglesias mozárabes en las que uno de los rasgos característicos—utilizado para describir un estilo peculiar—es el empleo de tales elementos. Más adelante, L. To-

rres Balbás publicó un artículo, «Los modillones de lóbulos. Ensayo de análisis de la evolución de una forma arquitectónica a través de dieciséis siglos», en *Archivo Español de Arte y Arqueología*, Madrid, n.os 34 y 35, 1936, en el que hay un estudio extremadamente preciso de la evolución del elemento. Véase también M. Gómez-Moreno, *La mezquita mayor de Tudela*, Pamplona, Príncipe de Viana, 1945.

[10] Ya en la mezquita de Damasco se habían utilizado dovelas alternativas de mármol y basalto, lo que pudo influir en los arquitectos de la mezquita de Córdoba. No obstante, la mayoría de los historiadores (Gómez-Moreno, Torres-Balbás, Chueca) prefieren establecer una relación más estrecha con algunas obras tardorromanas, especialmente con el acueducto de «Los Milagros», antes citado. M. Gómez Moreno ha ofrecido una explicación que subraya la necesidad de flexibilidad durante la construcción, *op. cit.*, p. 36.

[11] Véase L. Torres Balbás, «Los modillones de lóbulos», en *Archivo de Arte y Arqueología*, t. XII, 1936, p. 44; y también M. Gómez-Moreno, *op. cit.*, pp. 47-51.

[12] Elie Lambert ha sugerido que la contribución de Mohamed fue mayor de lo que generalmente se cree. Afirma que las dos naves laterales fueron remodeladas bajo su reinado; apoya su argumentación en unos documentos descubiertos por Levi-Provencal y en un análisis de los modillones de dichas naves. Véase E. Lambert, *Études Médiévales*, Toulouse, Privat-Didier, 1956. Torres Balbás muestra su desacuerdo en «Los modillones de lóbulos», *op. cit.*

[13] Véanse los dibujos del libro de E. Camps y Cazorla *Módulo, proporciones y composición en la arquitectura califal cordobesa*, *op. cit.* Camps subraya el carácter abstracto de tal sistema geométrico y nos proporciona un conjunto de dibujos muy interesantes que explora dichos mecanismos compositivos.

[14] Más tarde—a comienzos del siglo XVII—la torre sería absorbida por otra torre nueva. La construcción de la segunda fachada fue probablemente motivada por razones estéticas: el empuje horizontal de los arcos de herradura había sido asumido por la fachada primitiva.

[15] M. Gómez-Moreno da el nombre de Chaafar, el Esclavo, como arquitecto de la mezquita de Córdoba. Véase Gómez-Moreno, *op. cit.*, p. 91.

[16] F. Chueca ha dibujado la planta hipotética de la nueva mezquita, considerando a ésta como un edificio independiente y autónomo. F. Chueca, *Historia de la arquitectura española*, *op. cit.*, p. 99.

[17] E. Camps y Cazorla, *op. cit.*, pp. 74-83.

[18] Sobre este tema véase M. Gómez-Moreno, *El cruzamiento de los arcos*, Congreso de Historia del Arte, París, 1921, y también E. Lambert, «Les hispano-musulmanes», en *Hesperis*, n.º 6, Rabat, 1928, reeditado más tarde en E. Lambert, *Études Médiévales*, *op. cit.* Puede hallarse una descripción precisa y completa que toma en consideración estos dos textos en L. Torres Balbás, «Las bóvedas nervadas andaluzas y los orígenes de la ojiva», en *Al-Andalus*, III, Madrid, Granada, 1935.

[19] Hay un estudio completo de M. Gómez-Moreno, *op. cit.*, pp. 110-149. También es interesante la explicación de su sistema geométrico propuesta por E. Camps y Cazorla, *op. cit.*, pp. 111-114 y figs. 85-89.

[20] Véanse M. Gómez-Moreno, *op. cit.*, p. 163 y L. Torres Balbás, *La mezquita de Córdoba y las ruinas de Madinat al-Zahra*, Madrid, 1952, pp. 88-94.

[21] Véase L. Torres Balbás, *La mezquita de Córdoba y las ruinas de Madinat al-Zahra*, Madrid, Plus Ultra, 1952, pp. 100-105.

[22] En general, la construcción de la catedral dentro de la mezquita de Córdoba ha recibido críticas severas, y a menudo se ha propuesto la idea de limpiar la segunda demoliendo la primera. El último de tales intentos en los primeros setenta fue abandonado tras constatar las dificultades de la empresa. Incluso alguien como Fernando Chueca se pregunta acerca de la conveniencia de demoler la catedral: véase F. Chueca, *Historia de la arquitectura española*, *op. cit.*, p. 106. Torres Balbás acepta la presencia de la catedral como un tributo necesario a la conservación del resto: L. Torres Balbás, *ibid.*, p. 116.

[23] Hernán Ruiz, el Viejo, era el cabeza de una familia de arquitectos castellanos que trabajaban en Andalucía durante el siglo XVI. Murió en Córdoba en 1547 y fue sucedido por su hijo Hernán Ruiz, el Joven, que siguió dirigiendo la obra de su padre hasta su muerte en 1959. Las últimas bóvedas se terminaron en 1607 bajo la dirección del arquitecto Juan de Oliva. Véase F. Chueca, «Arquitectura del siglo XVI», en *Ars Hispaniae*, Madrid, 1953, pp. 199-201; M. Soria y G. Kubler, *Art and Architecture in Spain and Portugal*, Pelican History of Art, Londres, 1958; A. de la Banda, *Hernán Ruiz II*, Sevilla, 1975. La obra teórica de Hernán Ruiz, el Joven, ha sido publicada por Pedro de Navascués en *El libro de la arquitectura de Hernán Ruiz, el Joven*, Madrid, Publicaciones de la ETSAM, 1974.

[24] La nueva catedral fue construida tras una disputa entre la Iglesia y el Consejo. Al final, Carlos I favoreció la postura del obispo. Sin embargo, cuando Carlos I realizó su primera visita a Córdoba dijo: «Yo no

sabía lo que era esto, pues no hubiera permitido que se llegase a la antigua; porque hacéis lo que puede hacerse en otras partes y habéis deshecho lo que era singular en el mundo», citado por Antonio Ponz, en *Viaje de España*, t. XVII, Madrid, 1792, p. 2.

[25] J. Ruskin, *The Stones of Venice*, Londres, 1858.

EL ARQUITECTO JUAN DE HERRERA Y EL «DISCURSO DE LA FIGURA CÚBICA»: LA LONJA DE SEVILLA COMO «CUBO ELEMENTADO»

Hay que reconocer que en la obra de Juan de Herrera prevalece una imaginería inspirada en el cubo, pero sea por su escueto programa, sea por su dimensión, sea por las características del lugar que parecían reclamar una arquitectura compacta y severa capaz de sobrevivir en el piélago de pináculos y contrafuertes de la catedral de Sevilla, ninguno de sus edificios nos sería tan útil como la lonja para ilustrar el peso que en su obra tiene una geometría cúbica. Si se atiende a su estricta geometría, en la que resplandece el cuadrado, y a su rigurosa ejecución, en la que sorprende su perfección, cabe entender la lonja, a pesar de haber sido una obra distante que posiblemente Herrera ni visitó en el curso de su ejecución y en la que consta intervinieron numerosos arquitectos, como paradigma de su arquitectura o, si se prefiere, de su proceder como arquitecto.[1] Es bien sa-

bido, por otra parte, que se atribuye a Juan de Herrera un *Discurso de la figura cúbica* al que aluden con frecuencia los estudiosos de su obra, pero al que dada su escasa difusión y la oscuridad de la materia que aborda, pocos textos, en verdad, nos acercan. ¿Cabría encontrar en el *Discurso de la figura cúbica* pistas para entender mejor la arquitectura de la lonja? Tal es la pretensión de estas notas.[2]

En efecto, un título que hace de la figura cúbica bandera, en manos de una persona como Juan de Herrera, parece reclamar atractivas reflexiones acerca de lo que fue su actividad primaria, la arquitectura, y como natural extensión de aquella que fue una de sus más queridas aficiones, la

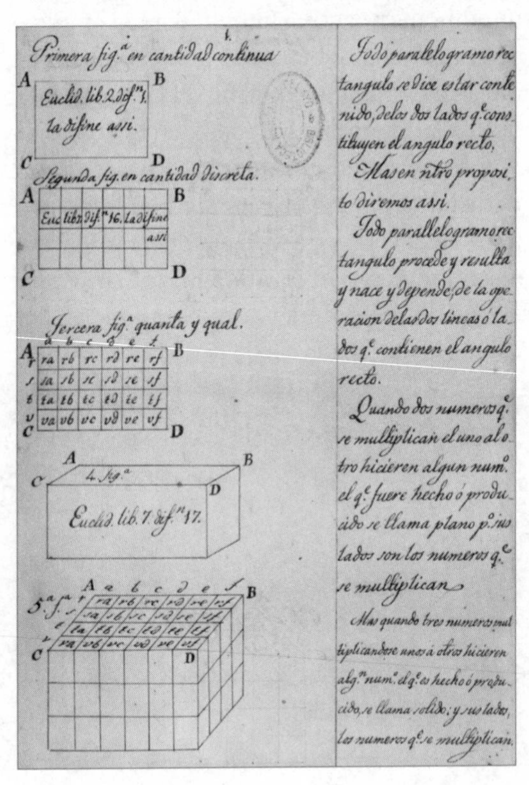

geometría. Para un lector de la segunda mitad del siglo XX, el título de la obra herreriana tiene resonancias que anticipan comentarios sobre arquitectura no lejanos a la crítica puro-visual y formalista. Pronto las ilusiones se disipan, pues no hay en el *Discurso* alusión alguna a la arquitectura y en él se habla del cubo pero poco o nada de trazados y de geometría. El lector advierte, desde los primeros párrafos del tratado, que el interés de Juan de Herrera era bien otro. El *Discurso de la figura cúbica* pretendía ser, simplemente, una extensión, o extrapolación, si se prefiere, de los *Ars Brevis* y *Ars Magna* lulianos, obras en las que el filósofo mallorquín especula acerca de Dios, de las criaturas y de los atributos que las caracterizan, tratando de establecer las relaciones que entre unos y otros existen con la ayuda de figuras geométricas. «El fin de este Arte es responder a todas las preguntas, con la condición de que el hombre sepa qué quiere decir cada nombre», dice Lulio en el prólogo de *Ars Brevis*. El Arte nos explica cómo formular preguntas, pero también da razón y define todos aquellos conceptos que hacen posible la vida de los humanos en este mundo. Para establecer las posibles relaciones y conexiones entre los diversos conceptos a los que identifica mediante letras del alfabeto, Lulio se sirve de figuras geométricas planas sobre las que proyecta mecanismos combinatorios. En su *Discurso*, y así abiertamente lo declara, Herrera se propone extender y generalizar los enunciados del texto luliano: entiende que el cubo puede ser la figura total, completa, capaz de abrazar y contener lo ya explorado en la investigación luliana.[3]

Para Herrera, en «la operación cúbica la natura construye los entes en el ser que a cada uno le conviene».[4] Descubrir esta operación cúbica será el fin perseguido en el *Discurso*. Si tal descripción fuese posible nos encontraríamos con toda una nueva cosmología, meta que, a mi entender, perseguía ansiosamente Herrera. Tal operación cúbica es responsable de que los entes conserven «su ser natural» y «cesando esta operación el ente se corrompe y aniquila».[5] Una declaración como ésta justifica que hayamos hablado de nueva cosmología: el cubo es aquí la figura en la que reposa el ente, alcanzando en él la plenitud del ser. El cubo, pues, como paradigma en el que contener el Universo, el reino de las cosas, cuya descripción y clasificación perseguía Lulio: desde los primeros párrafos del *Discurso*, Herrera avanza la hipótesis de que el cubo está en el origen del Universo. Definir, por tanto, el cubo será el primer requisito y para tal definición Herrera acude a Euclides, un geómetra, con el deseo de que la descripción que de él se haga esté despojada de cualquier posible significado que la mediatice: «el cubo es una figura sólida contenida en seis superficies cuadradas iguales».[6] Herrera dibuja dichas superficies y nos explica cómo se «forma» el cubo. No despliega el cubo, lo construye. Y para explicar el proceso de construcción comienza por mostrarnos cómo en el cubo se dan las tres dimensiones «longitudinal, latitudinal y profunditudinal».[7] Herrera gusta de ver el cubo, siguiendo a Lulio, como resultado de «obrar». El cubo para Herrera no es tanto la figura cúbica en cuanto tal, como el resultado de acciones, del «obrar». Tal «obrar» nos explica el paso de la línea a la superficie y de ésta a la figura tridimensional, paradigmática: al cubo. Herrera gusta de ver las cosas en su «hacerse». Así, «la línea AB… obrando en sí hace la superficie

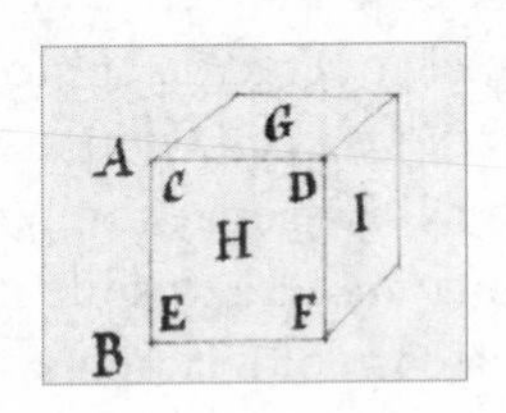

cuadrada CDEF… y obrando la dicha superficie CDEF en la línea AB, en acto de la operación física de entrambos, hace el cubo».[8] Herrera generaliza este «obrar» introduciéndonos en los conceptos de «números planos» (superficiales) y «números sólidos» (volumétricos). Ello le lleva a insistir en un concepto luliano de crucial importancia: los «correlati-

A G C D I H E F B

conlo resultante desi, como se verá p.r estos e-
xemplos, uno enla cantidad continua y otro
enla discreta.

5. Exemplo dela cantidad continua.

Sea la linea A.B. lado de un cubo esta line
a obrando ensi hace la superficie quadrada
C.D.E.F. p.r la segunda del 2 de Euclides y obran
do la dicha superficie C.D.E.F. conla linea A.B.
procede en acto dela operacion de entrambos el
cubo G.H.I. tal qual nos le pinta su difinicion
enel qual cubo ay la plenitud de todas las dimensiones longitudinal, latitudinal, y profunditudinal con igualdad y si alguna de e-
llas le faltase el tal cubo no seria. Podria a-
qui alguno dubdar y decir q.e pues enla cons-
titucion del cubo se dio ser ála linea y obrar
p.r q.e causa no sedio al punto obrar: álo qual
se responde q.e el punto siempre es termino
de alguna cosa y q.e él porsi no obra p.r q.e no
tiene partes p.e obrando la cosa q.e él termina
obra él siempre terminando y éste es el pun
to mathematico p.r q.e del phisico no hablamos
agora aunque nos serviremos del enla pra-
tica y cosas phisicas hechas con el arte y asi

vos intrínsecos». Si queremos entender cómo se produce el «obrar», el «hacerse» de las cosas—y, de paso, cómo se producen el cuadrado y el cubo, por un lado, y los números planos y sólidos, por otro—, es preciso que nos iniciemos en el significado de los sufijos *-ivo*, *-ble*, *-ar*, mediante los cuales caracteriza Lulio a los correlativos. A cada posible actitud o estado ligado a un determinado concepto cabe asignarle términos correlativos, materializándose éstos en un adjetivo activo terminado en *-ente/-ivo*, en un adjetivo pasivo terminado en *-ble/bile* y en un verbo infinitivo que describe la acción, terminado en *-ar/are*. Los correlativos nos hablan del distinto modo de estar situados en el tiempo, en el «obrar», en el paso de la potencia al acto, los términos que utiliza la lengua. Sirviéndose de ejemplos que utiliza Lulio, así aclara el uso de los correlativos un reciente estudioso de su obra: «tomemos como ejemplo el caso del fuego (*ignitas*): es forma activa bajo las denominaciones de *ignificativum* e *ignificare*, materia pasiva en cuanto que ignificabile, mientras que *ignificatum* representa la unión de los dos principios».[9] Si este modo de entender cómo entran en acción, «obran», los correlativos lo extendemos a números y líneas nos encontraremos con que al operar sobre sí mismas generan números planos y superficies. Una nueva operación, que Herrera entiende como manifestación del *-are*, hace que al entrar en acción los citados números planos y superficies, con números y líneas, se generen el número cubo (el 8 como número cubo del 2, el 27 como número cubo del 3, etcétera), por un lado, y los cubos como figuras geométricas que a los mismos les correspondan, por otro. «La línea es la que hace y la superficie es la que es hecha [...] el cubo resulta de la operación de la línea con la superficie en acto cumplido con la plenitud de las dimensiones que son en natura y en igualdad».[10] Herrera puede entonces decirnos:

hemos probado, lo más breve que se ha podido, que en la figura cúbica sólida se dan los tres correlatos intrínsecos de Raimundo Lulio y tales correlatos son necesarios y quitando cualquiera de ellos es imposible que el tal cubo sea, porque faltando el *agente*, o el *agible* o el *agere*, carecían de obrar natural las cosas [...] en adelante se procura probar cómo en todas las cosas está el cubo en lo natural como natural, en lo moral como moral y en lo natural y moral como natural y moral [...] y que está otrosí en cada uno de los principios absolutos y relatos de Raimundo y en otros cualquier principios que destos se pudieran dar y bien entendido y penetrado, como se debe, se verán las grandes maravillas que en sí encierra el arte llulliano.[11]

El geómetra Herrera, el matemático Herrera, pretende en su *Discurso* que veamos el cubo de la geometría con los ojos de Lulio. Ha sido una introducción necesaria. En adelante mostrará cómo en el cubo se encuentran los principios lulianos, cualquier principio que de ellos se derive y, a la postre, el Universo todo.

Y así pasa a enumerar, siguiendo estrictamente el texto luliano, «los artículos necesarios, claros y de por sí conocidos de todos los que usaren de Raçon». Éstos son:

1. «Todo lo que es tiene ser cumplido».
2. «Todo lo que tiene ser tiene obrar».
3. «Donde quiera que hay ser hay obrar y el conjunto de ambos».
4. «Hay tres maneras de operaciones solamente que son interna, externa y el conjunto de ambas».
5. «La naturaleza universal, y cualquiera cosa que haya en ella, o obra según naturaleza con sus principios naturales, mezcla de los unos con los otros».
6. «La mezcla y operación de estos principios ha de ser universal o particular o el conjunto de ambas».

7. «Estos principios, tal y como la naturaleza los tiene, los podemos considerar o simplemente o compuestamente».
8. «Cada uno de estos principios de la naturaleza tiene alguna cualidad, que podemos comunicar con cada uno de los otros principios y apetito natural cada uno para recibirlos de los otros».
9. «Estas cualidades sólo son dos, una que es propia del mismo principio y otra que le es dada de otro, la cual se llama cualidad apropiada».
10. «En dicha mezcla y operación unos principios dan sus cualidades a los otros y las reciben naturalmente los unos de los otros».
11. «En este dar y recibir de las cualidades con los principios a veces activos porque hacen y a veces pasivos porque reciben todos, unos de otros, entre sí».
12. «De la mezcla y operación universal y particular de principios en la plenitud de mezclas resulta un tercero el cual no está cumplido hasta que esté hecha la plenitud total y parcial de la mezcla y operación de dichos principios».
13. «De la plenitud de la mezcla y operación de estos principios en la criatura por ser finita nacen todos los accidentes y predicamentos de Aristóteles como calidades y accidentes inseparables y separables».[12]

El *Discurso de la figura cúbica* se centrará ahora en describir y explicar dichos artículos. Seguiremos, brevemente, la línea de su argumentación.

«Todo lo que es tiene ser». Herrera nos dirá «basta poco o nada para confirmar esta verdad», pero a renglón seguido enumera los 9 principios lulianos que acompañan al ser. Son: «bondad, grandeza, duración, potestad, sabiduría o instinto, voluntad o apetito, virtud, verdad, gloria o suavidad y deleite».[13] Herrera se convertirá ahora en un directo exégeta de Lulio y, asignando a los principios las letras del alfabeto luliano B.C.D.E.F.G.H.I.K., pasa a explicarnos que en todo lo que es uno se debe considerar su razón formal, su razón final y el cumplimiento de ambas. A la razón formal corresponde la verdad, a la razón final corresponde la bondad y al cumplimiento de ambas la grandeza.

En lo que Herrera concibe como razón formal hay resonancias platónicas al entender que su «verdad» está próxima a la idea del filósofo griego, en tanto que en la noción de razón final hay una aceptación de lo creado y de la utilidad o instrumentalidad que lo acompaña, que nos aproxima al empirismo aristotélico. La dimensión, atributo de todo lo material, la grandeza sería parte de la actualidad, o dicho de otro modo más preciso, del «cumplimiento».

A la verdad se aplica la sabiduría, a la bondad le corresponde la voluntad o apetito, a la grandeza o plenitud les corresponde la gloria y el deleite, necesarios para que haya reposo. Al acto del sujeto que «o es acto de ser o acto de obrar» le sirve la potestad y al acto de ser o de potestad le corresponde la duración, «principio primitivo verdadero y necesario porque el acto de ser no puede ser sin la duración». Al acto de obrar de potestad le corresponde la virtud, «rectitud de las cosas» y «nacimiento de la unión de la bondad y la grandeza y de los demás principios en uno significado por la letra H».[14]

Sin estos principios las cosas no pueden tener ser y de ahí que se encuentren, en grado sumo, en Dios. Como todo lo creado es reflejo divino, estos principios, en mayor o menor grado, aparecen en las criaturas y el modo en que en ellas se manifiestan está representado según tres triángulos: uno verde que es diferencia, concordancia y contrariedad; otro colorado que contiene el principio, medio y fin, tres concordantes; y por último, otro amarillo en el que los términos, mayor, igual y menor aparecen.

B. Diferencia
C. Concordancia
D. Contrariedad
Diferencias, Distinciones
E. Principio
F. Medio
Órdenes, Movimientos, Relaciones
G. Fin
H. Mayoridad
I. Igualdad
Graduaciones, Templanzas
K. Minoridad

«Este discurso es tan universal que lo abraza todo», dice Herrera. La B, diferencia, es distinción y supone claridad, «sin ella todo fuera caos niebla oscuridad intrínseca y sufrir»; la C, concordancia

o alianza y concordancia con que todos los principios concuerdan [...] una perfiçion en que se paresce[n] y son semejantes alguno o muchos a todos los entes, la cual similitud ymagen o semexanza es primitiva verdadera y necesaria para que haya amor y voluntad, inclinación para socorrerse unas cosas a otras;

la D, contrariedad, «necesaria para alteraciones y compromisos», sin ella faltarían «las transmutaciones y meteoros, los temporales y particiones del año»; la E, principio para el que alguna cosa tiene prioridad, es principio porque sin él faltarían todas las soluciones de antecedentes y consecuentes»;

la F, que es el medio o medianía que hay en cada sujeto, pudiendo distinguir tres modos diversos de entender el principio medio: el primero que entiende el medio como el modo de relacionar las extremidades, el principio y el fin; el segundo que lo entiende como atadura y el tercero que lo entiende como medida. Si alguno de estos tres diversos modos de entender el medio faltase «habría gran vacuidad», dice Herrera, y esto no es posible en un Universo que es «fábrica del Sumo Artífice»: la G que es fin y postrimería, entendiéndolo Herrera, o bien como perfección (quietud, reposo y plenitud tras de este concepto), o bien como determinación que permite establecer los límites, o bien como privación, aceptando la distancia y la separación; la H, que habla de «mayoridad» y que hay que entenderla como graduación, comparación, medida y preciso es admitir su necesidad, pues sin ella faltaría la debida jerarquía en el Universo; la I, que es la igualdad entendida como ajustamiento y reposo, como el momento en que las cosas alcanzan la debida proporción; la K que es la «no mayoridad», el principio que nos habla de la condición finita de las cosas, de su limitación: todas las cosas, son de algún modo, menores, «vecinas a la nada», recordándosenos así la limitación de todo lo creado.

Todos estos principios, nos dirá Herrera siguiendo a Lulio, están en Dios y en las criaturas, en mayor o menor grado. Lulio asocia una vez más letras a quienes disfrutan de estos principios, resultando que la B significa Dios, C ángel, D cielo, E hombre, F imaginativa, G sensitiva, H vegetativa, I elementativa, K instrumentativa y «aún pudiera añadir el décimo sujeto que es C.H.R.I.S.T.O. nuestro señor que es la plenitud total del creador con toda la criatura»... La introducción de CHRISTO como el décimo sujeto lleva a Herrera al elogio del número 9. Nueve son los principios absolutos de Lulio, 9 son los principios relativos, 9 son las relaciones que caben entre unidad y pluralidad: tres entre unidad y unidad, tres entre pluralidad y pluralidad, tres más, por último, entre unidad y pluralidad.[15]

El segundo presupuesto es que «todo lo que tiene ser tiene obrar». La bondad, el fin de las cosas, todo lo creado, reclama, garantiza el obrar, la acción. Si no hubiera «obrar» faltaría la comunicación, «faltaran de necesidad los tres correlativos intrínsecos» y con ellos la posibilidad del ser. Habiendo ser y obrar se da la plenitud, necesaria porque sin ella la «grandeza no abrazaría», en el sujeto, «todas sus extremidades».[16]

El tercer presupuesto dice que «donde hay ser hay obrar y el conjunto de ambos». Herrera vuelve, una vez más, a dar entrada al concepto de plenitud, que implica armonía, para probar la imperiosa necesidad de este supuesto. «La plenitud de las cosas, que es lo opuesto a la vacuidad, quiere que se hinchen y abracen los extremos de ser y obrar» ya que, si la negamos, «se seguiría la destrucción total de toda la armonía [...] Cualquier entendimiento nunca halla reposo hasta que topa con la armonía. Porque halló allí la verdad que buscaba con gran ansia... porque entonces reposa la potencia». Herrera nos dirá luego que la plenitud «entra en cada cosa según natura». No podemos por ello pedirle a una piedra que razone, «ya que no toca a lo natural de la piedra».[17]

> Lo cuarto es que hay tres maneras de obrar... pues es necesario que habiendo operación u obrar intrínseco haya también otro que sea extrínseco y externo y habiendo interno y externo forzosamente habrá también el conjunto de ambos... porque nunca habemos de dejar la plenitud por cerrar.

El ejemplo del cubo—en el que la línea genera la superficie, y la acción conjunta de línea y superficie es responsable de la aparición del cubo—permite a Herrera justificar este cuarto presupuesto. La idea de bondad, que tenía «operación primero en sí y luego en otro», se extiende a los modos de obrar. La estructura ternaria prevalece de nuevo y Herrera nos recuerda cuánto en el cierre forzoso de los opuestos está en la base de la composición del Universo, obligándose, sin embargo, a dejar bien claro que no cabe la fusión de lo infinito con lo finito, ni de lo corporal con lo espiritual: reconocer la naturaleza de las cosas es previo al obrar.[18]

El quinto presupuesto nos dice que «la naturaleza universal y cualquiera cosa creada obra naturalmente con sus principios naturales mixtionándose y abrazando en sí los unos con los otros...». Dicho de otro modo, Herrera nos recuerda que la naturaleza procede por vía de composición o mezcla, de lo perfecto con lo imperfecto, de lo simple con lo compuesto, de lo universal con lo particular «porque éste es el orden natural y ley que tienen las cosas caducas y finitas». Todo es el resultado de la presencia de múltiples elementos y principios. Hace su aparición un cierto panteísmo no ajeno al pensamiento de Lulio. «La plenitud total de la mixtión y operación consiste en estar todos cúbicamente llenos de

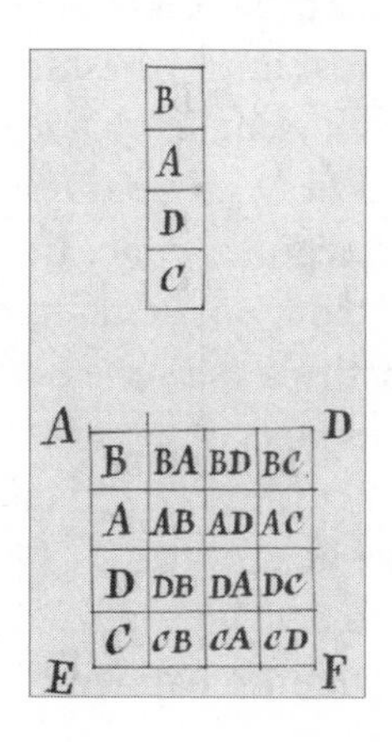

todos y empapados y mixtionados todos con todos [...] el número resultante de la operación de todos... que consta y tiene en sí a todos y obra de todos y con todos...» da lugar a que se nos manifieste «el cubo o individuo elementado».[19]

El sexto principio dice «que la mixtificación de los dichos principios es o universal o particular o el conjunto de ambas». Herrera nos muestra ahora cómo se combinan los cuatro elementos—aire, fuego, tierra, agua—y nos dice que es preciso «que obren con plenitud y totalidad de mixtión y operación». Un «cubo elementado» resulta ser la representación, el paradigma de una criatura en el que la combinatoria ha dispuesto de manera particular y precisa los elementos que la componen. Herrera trata, por tanto, de acercarse al mundo que le rodea, de describir el modo en que está compuesto. Su intención es el hacer cosmología. De ahí que diga, refiriéndose al arte luliano, que el Arte imita a la Naturaleza, sólo entonces, en la Naturaleza, «el Arte es perfecto y merece nombre de Arte».[20]

El séptimo presupuesto o artículo dice que los cuatro elementos considerados son simples y que cuando uno de ellos está mezclado con otro u otros lo llamamos «compuesto de elementos». Explicar cómo Herrera daba entrada en el cubo a los elementos simples hasta llegar a un «cubo elementado» sería difícil e incluso cabe decir que tal precisión no la intenta en el *Discurso*. Describe lo que hoy llamaríamos el modelo según el cual cabe entender el Universo y para tal descripción, por ser la figura que a un tiempo lo describe y lo constituye, se sirve del cubo, pero no llega a explicarnos la «composición» de un «cubo elementado» específico capaz de ser identificado con alguna de las criaturas del mundo que nos rodea.[21]

El octavo supuesto nos dice que «cada uno de los principios naturales tiene alguna cualidad suya propia que poder comunicar». Herrera trata así de establecer el modo en que los elementos y los principios se mezclan, acoplan, integran, para poder alcanzar la entidad peculiar que corresponde a cada uno de los seres creados que componen el Universo. Hay que poder admitir la singularidad que acompaña a cada uno de estos principios, pero también la concordan-

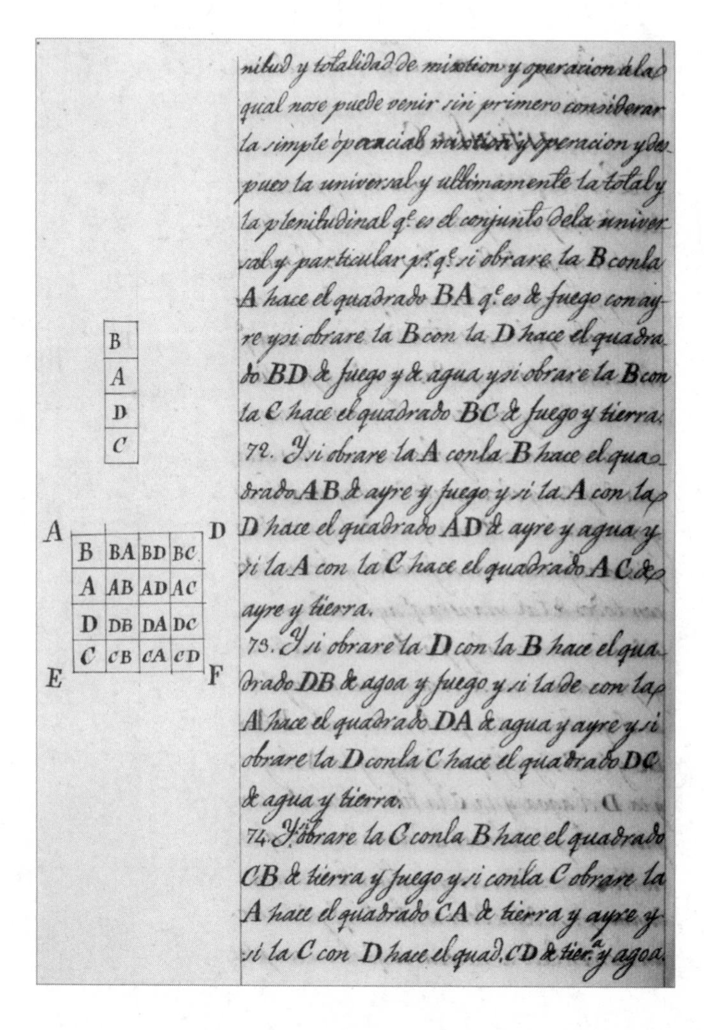

B	BA	BD	BC
A	AB	AD	AC
D	DB	DA	DC
C	CB	CA	CD

nitud y totalidad de mixtion y operacion a la
qual no se puede venir sin primero considerar
la simple o parcial mixtion y operacion y des-
pues la universal y ultimamente la total y
la plenitudinal q.e es el conjunto dela universal y particular p.r q.e si obrare la B conla
A hace el quadrado BA q.e es de fuego con ayre y si obrare la B con la D hace el quadrado BD de fuego y de agua y si obrare la B con
la C hace el quadrado BC de fuego y tierra.
72. Y si obrare la A conla B hace el quadrado AB de ayre y fuego y si la A con la
D hace el quadrado AD de ayre y agua y
si la A con la C hace el quadrado AC de
ayre y tierra.
73. Y si obrare la D con la B hace el quadrado DB de agoa y fuego y si la de con la
A hace el quadrado DA de agua y ayre y si
obrare la D conla C hace el quadrado DC
de agua y tierra.
74. Y si obrare la C conla B hace el quadrado
CB de tierra y fuego y si conla C obrare la
A hace el quadrado CA de tierra y ayre y
si la C con D hace el quad.o CD de tier.a y agoa.

cia, la simpatía, la afinidad entre los mismos que da lugar a que podamos imaginar la variedad. Hay, por tanto, en la naturaleza disponibilidad, generosidad, propensión a dar. Así cabe entender las «generaciones y corrupciones» que acompañan a la vida. Hay, en el Universo «deseo de participar de las cualidades de las otras cosas». Para Herrera, «avaricia e

37.

6.º 75. Y asi con estas doce operaciones particulares hechas en todas las maneras q.e se pueden hacer particularmente havemos hecho el quadrado ó figura **ADEF** la qual figura es compuesta de las operaciones particulares de los unos elementos con los otros.

76. Y si se dubdase p.r q.e hay unos quadrados duplicados como quando decimos en uno **BA** y en otro **AB** q.e parecen ser una misma cosa como si dixesemos fuego con ayre ó ayre con fuego y asi de los demas se responde q.e son diferentes sus quadrados y operaciones p.r q.e en el un quadrado es el fuego predominante ó intenso ó activo y el ayre remiso predominado ó pasivo y en el otro al rebes ó p.r el contrario es el ayre predominante y el fuego predominado y esta misma regla corre en los demas quadradillos p.r q.e la primera letra en cada quadrado donde ay dos significa el intenso activo y predominante y la segunda letra significa el elemento pasivo ó remiso ó predominado y notese q.e este quadrado **ADEF** hecho de la parcial mixtion de los quatro elementos se ha hecho de la operacion de los qua-

A D

b	ba	bd	bc
a	ab	ad	ac
d	db	da	dc
c	cb	ca	cd

E F

ingratitud» son los dos vicios que se oponen a la ley de vida que lleva a la «justicia y comunicación».[22]

El noveno artículo distingue entre las cualidades de los principios que son «propias» y aquellas otras de las que se han apoderado, que son «apropiadas». Así, a «la bondad criada» le acompañan los accidentes de que ésta se ha apropiado: la dimensión, la duración, el poder… Herrera explica el modo en que se comporta el fuego. Su plenitud lo destruiría, pero si se extiende y comparte las cualidades de su ser con los demás—la tierra, el aire, el agua—, el fuego sería capaz de insuflar vida a otros seres, capaces de estar representados y constituidos por lo que Herrera llamaba el «cubo elementado».[23]

El décimo supuesto insiste en este intercambio de cualidades dando ocasión a que Herrera nos diga que «nadie puede dar más de lo que tiene». Herrera presenta ahora un diagrama—cuadrado—que, a mi modo de ver, hay que entender como el diagrama que adelanta lo que será la super-

L M

b	bc	bd	be	bf	bg	bh	bi	bk
c	cb	cd	ce	cf	cg	ch	ci	ck
d	db	dc	de	df	dg	dh	di	dk
e	eb	ec	ed	ef	eg	eh	ei	ek
f	fb	fc	fd	fe	fg	fh	fi	fk
g	gb	gc	gd	ge	gf	gh	gi	gk
h.	hb	hc	hd	he	hf	hg	hi	hk
i	ib	ic	id	ie	if.	ig	ih	ik
k	kb	kc	kd	ke	kf	kg	kh	ki

N O

ficie de un «cubo elementado» y nos explica la composición del mismo.

La B que es el fuego con la A que es el aire, el fuego da su calor al aire y [...] en el cuadradillo BD, el fuego da su calor al agua [...] cómo en la particular mixtión y operación se han dado los unos

L M

b	bc	bd	be	bf	bg	bh	bi	bk
c	cb	cd	ce	cf	cg	ch	ci	ck
d	db	dc	de	df	dg	dh	di	dk
e	eb	ec	ed	ef	eg	eh	ei	ek
f	fb	fc	fd	fe	fg	fh	fi	fk
g	gb	gc	gd	ge	gf	gh	gi	gk
h	hb	hc	hd	he	hf	hg	hi	hk
i	ib	ic	id	ie	if	ig	ih	ik
k	kb	kc	kd	ke	kf	kg	kh	ki

N O

al ayre y enel quadradillo ultimo q.e es CD la
tierra da su sequedad al agua p.r las letras B
ADC significan como atras esta dicho los qua
tro elementos y abemos visto eneste quadra
do ADEF como enla particular mixtion y
operacion se han dado los unos elementos
alos otros sus propias calidades y como los
han los unos recibido delos otros ylomismo
q.e se ha visto en esta mixtion es demostrable en qualquier subjeto criado en el
qual estan todos los 18. principios de Ray
mundo significados como habemos dicho p.r
las nueve letras desu alfabeto q.e son BCD
EFGHIK los quales silos ponemos en orden
como alos quatro elementos haremos dela
mixtion de estas nueve letras 81 quadra
dillos poniendo enel quadrado LMNO p.
tado las nueve letras y luego la mixtion
particular dellas p.r superficie como en
esta figura se verá claramente los quales
principios aplicados al fuego son B bon
dad de fuego y diferencia de fuego C grandeza
y concordancia de fuego D duracion y con
trariedad de fuego E potestad y principio de

elementos a los otros sus propias cualidades y cómo las han los unos recibido de los otros... es demostrable en cualquier sujeto criado en el cual están los 18 principios de Raymundo.

Herrera nos muestra, sirviéndose de otra matriz, que cada uno de los elementos—fuego, aire, tierra, agua—puede aceptar la presencia de aquellas virtudes, principios que, para Lulio, se manifiestan en lo creado. Y así describe tal matriz-diagrama-cuadrado, que en última instancia se materializará en un cubo, haciendo que el fuego se combine con la bondad, con la diferencia, con la grandeza, con la potestad, etcétera. Cada uno de estos cuadrados puede, a su vez, estar activado por otros principios, de donde resultan complejísimos «cubos elementados» capaces de reconocer la cuasi infinita variedad del Universo. «Así están todos llenos de todos y todos reciben de todos».[24]

El undécimo artículo dice que «en el darse y recibir las cualidades los unos principios de los otros, unas veces son activos los principios y otras veces son pasivos». El dar y recibir previamente descritos nos habla de la necesidad de que vivan a un tiempo y en cualquier elemento principios activos y pasivos. Vuelve Herrera a explicarnos de qué modo se aplica la matriz que nos hace ver cómo los elementos—fuego, aire, tierra, agua—pueden combinarse

y así nace que en estos cuadrados primero suponen los quadradillos de cada elemento o principio por sí y después los quadradillos de las mixtiones de unos elementos mezclados con otros en su particular mixtión de uno con otro y así en cada quadradillo hay línea que significa el activo y superficie que significa el pasivo.

Esta distinción entre activos y pasivos lleva a Herrera a recordar, una vez más, los principios lulianos; utilizando una conocida metáfora luliana, nos dirá que el ojo es el sujeto activo, lo que vemos el sujeto pasivo y en el ver, en el acto que establece la relación entre ambos, se manifiesta en su esplendor el verbo, aquel hacerse que en la terminología luliana se llama el *-are*.[25]

De este estar en acto, del *-are*, trata el duodécimo artículo. El acto implica plenitud y ello significa hablar de «total cumplimiento sin falta ni sobra, porque en el ser y obrar de la naturaleza no puede haber ni falta ni sobra y así se sigue, necesariamente, que hay plenitud». De cómo la idea de que la mezcla, el encuentro—«la mixtión»—de principios y elementos resulta la plenitud, la unidad, y de que esta plenitud de lo creado está en el corazón de la doctrina luliana, nos habla, sin cesar, Herrera. Tal estar en acto, alcanzar la plenitud, implica y supone la natural «proporción y concordancia». Se llega así al reposo, momento en que la potencia encerrada en las cosas se agota y se alcanza la perfección. «En cualquier cosa que es compuesta [y lo son todas las criaturas del Universo] [...] sólo en la plenitud última de las mixtiones y operaciones hay ser y obrar natural y en la cumbre de ellas consiste la igualdad del ser y del obrar que es el reposo». Las cosas, lo que en último término Herrera representa mediante «el cubo elementado», hacen «uno tan indivisible que todas están llenas de todas y todos ayudados de todos». Los principios al actuar transformando a los elementos pro-

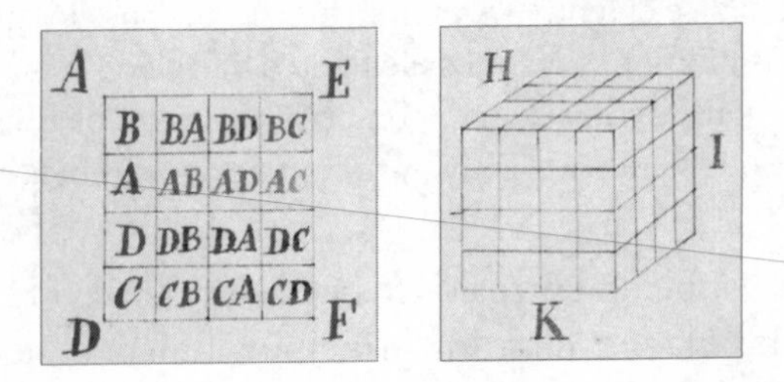

pician una infinita variedad de sujetos. Una vez más, Herrera recurre a los correlatos lulianos *-ivo*, *-bile*, *-are*, para explicar de qué forma se genera el «cubo elementado… el cual está lleno de todas las mixtiones totales y particulares de los cuatro elementos y de todas las comunicaciones que pue-

A E

B	BA	BD	BC
A	AB	AD	AC
D	DB	DA	DC
C	CB	CA	CD

D F

ta haya forma y materia sino hay union q
natura perfecta de ambos asi tambien en toda
la exterior armonia no basta haber activ
y pasivos sino hay conexivos los quales con
sibos con los medios de extremidades ó propor
ciones q.e atan á los activos con los pasivos las
quales proporciones proceden de esos mismos activos y pasivos p.r q.e la proporcion
ó nexo es medio de extremidades participan
tes dela naturaleza de ambas y procediente
p.r operacion dellas como el are de Raymu
do procede dela operacion del tibo con el vile
p.r q.e el tibo es activo el vile pasivo el are es
operacion y union de ambos y del modo q.e de
la linea y superficie se causa el cuerpo to
do lo qual se vera p.r dos exemplos el pri
mero será del quadrado ADEF cuya linea
sea BADC compuesta delos quatro elemen
tos el qual exemplo pongo en esta figura p
q.e he puesto otras veces p.a q.e p.r ella ven
gamos á lo q.e principalmente pretende
mos en todo este tratado p.r si la misma su
perficie ADEF obrare juntamente con la
linea BADC haran como está declarado en

den tener las unas con las otras en la plenitud de su obrar». Herrera nos ofrecerá todavía otro cubo más amplio, el que resulta de aplicar a cada elemento los principios lulianos. Ello da lugar a una línea en la que se encuentran los nueve principios que se convierte en origen de un cuadrado con 81 «quadradillos», estando ocupados los nueve verticales por los dichos principios y los 72 restantes por las combinaciones de los mismos con los elementos. Tal superficie es capaz de generar, en último término, un cubo de 729 cubículos sólidos. Podríamos, por tanto en última instancia y sirviéndonos de este diagrama—en el que cabría encajar la infinita variedad de proporciones, conexiones, relaciones, etcétera—, encontrar y localizar cualquier criatura.[26]

El decimotercero y último artículo nos dice que «de la plenitud de la mixtión y de la operación de los principios substanciales en el sujeto criado resultan los nueve accidentes o predicamentos de Aristóteles». Herrera nos recuerda ahora la finitud de lo creado. La cantidad será así el primero de tales accidentes y a ella le acompañan y siguen la calidad, la relación, la acción, la pasión, el hábito, el sitio, el tiempo y el lugar. Herrera se esfuerza en explicarnos que tales predicamentos están en el cubo. El argumento es, con frecuencia, el mismo: «si no hubiesen estas tres maneras de locación hubiese vacuidad de locación lo cual es imposible», dada la perfección de la obra creada por Dios. Herrera insiste en la colaboración, en la solidaridad entre las cosas que está presente por doquier en el mundo de lo creado. Plenitud, unidad, todo. Tales son los conceptos básicos que encontramos en último término en lo creado. El cubo, por tanto, como paradigma de tal visión.[27]

Tras de este examen del *Discurso de la figura cúbica*, ¿cabe el utilizar tan interesante texto para entender mejor la arquitectura de Juan de Herrera? La pregunta es así de sencilla y, sin embargo, como veremos en las páginas que siguen, la respuesta no lo será tanto.

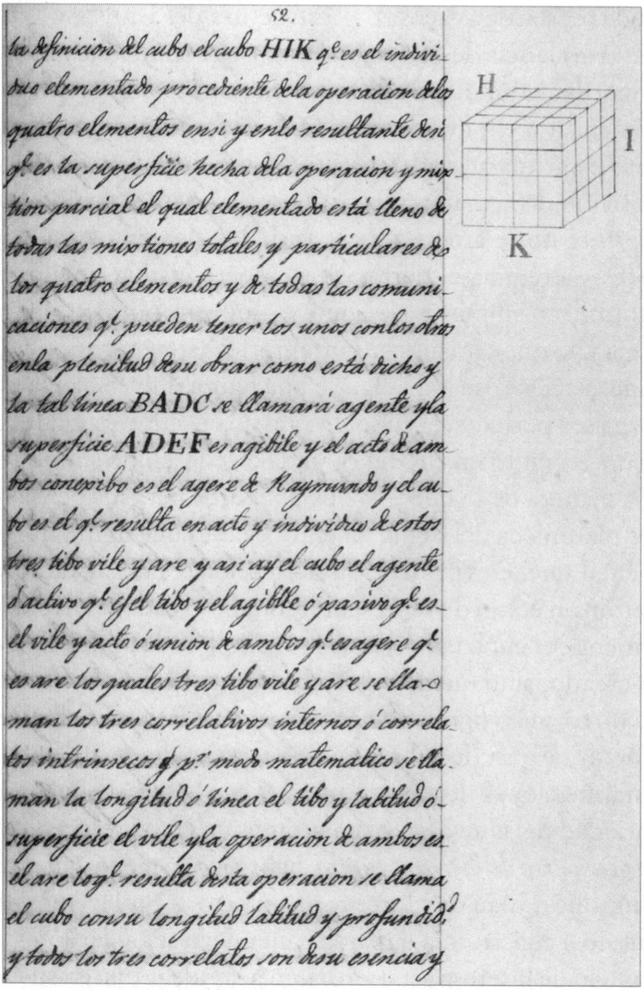

Deberíamos, en primer lugar, cuestionarnos qué pretendía Juan de Herrera con el *Discurso de la figura cúbica.* A mi entender, el *Discurso* es, como adelantaba al comenzar estas notas, toda una hipótesis de cosmología. En la segunda mitad del siglo XVI, un hombre como Juan de Herrera, a quien tanto interesa la naturaleza en torno, que coleccionaba piedras raras, que se preocupaba por la fundición de los metales, que se siente atraído por los tesoros ocultos que encierran los montes, también le inquietaba, sin duda, el ser de las cosas, la estructura del Universo.[28] Todavía la ciencia de su tiempo no está en condiciones de examinar la materia: los adelantos científicos que permitirán comenzar a explorarla vendrán más tarde y, sin embargo, a los espíritus más adelantados les inquieta cuál es la composición de la materia. Hay que avanzar nuevas hipótesis. Herrera no se atreve a escapar de los elementos tradicionales—aire, fuego, tierra, agua—, pero insufla en ellos los atributos—animistas si se quiere—que proporciona la teología y, lo que será más importante, los estructura, los combina, sirviéndose para ello de una figura universal a la que juzga ser perfecta, el cubo. De ahí que el cubo para Herrera no sea tanto una figura cargada de contenido simbólico, a la manera de lo que eran los poliedros para los pensadores platónicos del Renacimiento, cuanto una figura instrumental que, en virtud de su perfección, es capaz tanto de dar razón como de representar todo lo creado. Herrera no entiende el cubo tan sólo como símbolo de la perfección de lo creado, sino que lo ve como soporte que lo constituye, como forma o figura que proporciona a las criaturas la estructura capaz de substanciar la infinita diversidad de las combinaciones de elementos y atributos que da lugar a la variedad del Universo. Si admitimos una tal interpretación del *Discurso de la figura cúbica*, habría poco menos que concluir que a Juan de Herrera, arquitecto, a un Herrera dispuesto a construir, a dar vida a un nuevo ser al levantar un edificio, le interesa estar próximo a las ideas que en su *Dis-*

curso propone y, por tanto, proyecta en su trabajo el espíritu que anima a sus páginas.

¿Cabría avanzar un poco en tan resbaladizo territorio? Lo intentaremos ahora. Ante todo hay que hacer constar cuánto insiste Herrera en la complejidad de lo creado. La naturaleza, nos dice, procede por vía de composición o mezcla. El universo que nos propone Herrera en su *Discurso* es trabado, enlazado, un universo en el que los elementos se relacionan según complejísimas combinaciones que ni tan siquiera se atreve a describir. Se trata, por tanto, de un mundo en el que hay, como nos dice Herrera, un continuo intercambio de cualidades. La plenitud, el reposo del ser, es el resultado de lo que Herrera denomina «mixtión» (mezcla). El cubo de Herrera, «el cubo elementado», no es un cuerpo geométrico puro, un poliedro al que se le atribuyen simbólicamente los atributos que acompañan a la perfección. No es simple. Acoge la diversidad, favorece la «mixtión», el encuentro de los opuestos que, en último término, genera lo específico, lo concreto. Por otra parte, el modo en que Herrera interpreta los correlativos lulianos le lleva a insistir en la idea de intercambiabilidad de usos y funciones. Un mismo elemento puede ser, a un tiempo,-agente y -agible, según se le considere. En el *Discurso* se vislumbra el siempre incierto territorio en el que, bien sea la naturaleza o quien a veces se ve obligado a suplantarla, el arquitecto, se ven forzados a «obrar».

¿Podríamos atrevernos a describir cómo «obra» Herrera en cuanto que arquitecto? Y, para ser más precisos, ¿podríamos hacerlo sirviéndonos de un ejemplo concreto, la lonja sevillana? ¿Cabría asimilar literalmente la lonja al cubo descrito por Herrera en el *Discurso*, haciendo una lectura literal de la misma que identificase línea, superficie y volumen—los elementos arquitectónicos que los materializan—con los correlativos lulianos que con tanta insistencia aparecen en el texto? «La línea es la que hace y la superficie es la que es hecha [...] el cubo es el resultado de la aparición de la línea en la superficie en acto cumplido», leíamos en el *Discurso*. ¿Está el perfil, la línea, en el origen de esta arquitectura? ¿Es la línea en cuanto -agente (-ente/ivo) el principio generador que lleva a un primer estado estático y pasivo, la superficie, que, en cuanto -agible (-ble/bile) está a la espera de ser fecundada, pendiente de la plenitud del acto que acontecerá tan sólo cuando la construcción dé lugar a la materialización del volumen? Si así fuera entenderíamos mejor los pulcros dibujos de Herrera para El Escorial en los que todo el interés está puesto en la precisa definición de la línea con completo olvido de la corporeidad: la línea, el perfil, es el origen de toda construcción.[29] No me arriesgaría a decir que así procedía Herrera. Sería equivocado el asimilar la lonja al cubo del *Discurso*. Y, sin embargo, sí que hay en la arquitectura de Juan de Herrera, y de modo especial en la lonja, una continuidad tridimensional que hace difícil el segregar la superficie del volumen y que nos permita entender el plano como el resultado de extender un perfil, una línea, sin que quepa establecer si la misma define la sección o la planta. Y si, como decía, no cabe la traslación inmediata de los términos del *Discurso*, hay que admitir, sin embargo, que nos encontramos ante una arquitectura diversa, en la que aparece una singular indivisibilidad no ajena al espíritu que anima al texto.

Consciente de que hay que entender el «obrar» herreriano en un sentido más amplio y ver en él un método o, si se pudiera, un modo de pensar que se traduce en un preciso modo de hacer, me gustaría insistir en el significado que en su obra tiene el concepto de «plenitud», pues tal vez en él se encuentra una de las claves para entender cómo procede.

«Plenitud», a mi modo de ver, es el resultado de la «íntima cohesión» que caracteriza al «cubo elementado». Y de ahí que los edificios que construye Herrera—muestras arquitectónicas de lo que para él era un «cubo elementado»—se nos presenten «llenos de todas las mixtiones totales y particulares de los cuatro elementos y de todas las comunicaciones que puedan tener los unos con los otros en la plenitud de su obrar».[30]

[...] porque así como en la naturaleza y su interior no basta que haya forma y materia si no hay unión operativa de ambas, así tam-

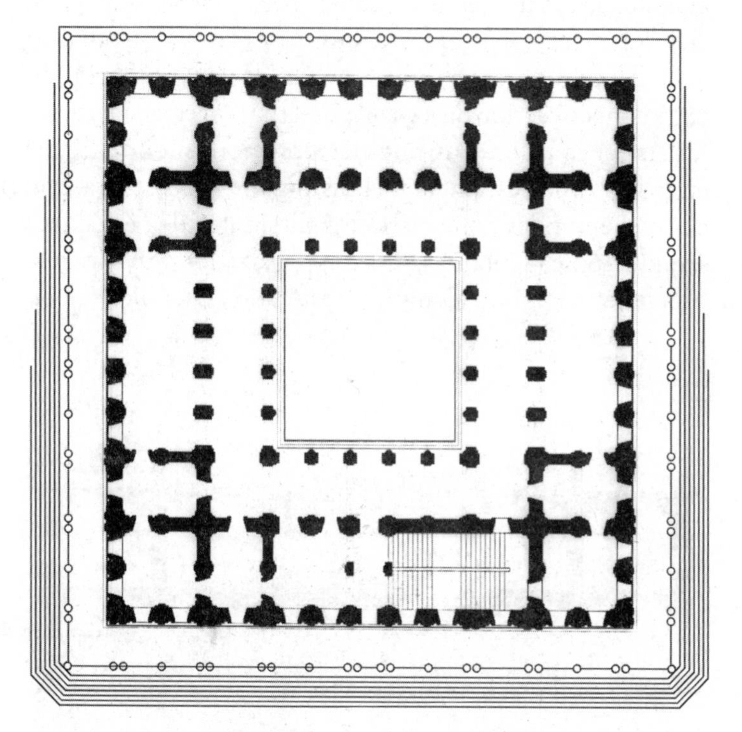

Planta baja de la lonja de Sevilla, basada en el dibujo original publicado en el catálogo *Herrera y el clasicismo*.

bién en toda la exterior armonía no basta haber activos y pasivos si no hay connexiones... las cuales connexiones son los medios de extremidades o proporciones que obran en los activos con los pasivos.[31]

Son la «proporción» y la «concordancia» las que permiten llegar a aquella situación de «reposo», en que se alcanza la «plenitud». En lo construido la potencia queda transformada en acto. Sería de sumo interés el poder explicarnos qué significa en términos arquitectónicos la «comunicación» entre elementos y atributos que dé, en última instancia, «lugar al cubo elementado». Es cierto que se percibe en la lonja una cohesión entre «forma y materia»—por usar sus palabras que nos permiten hablar de una fuerza cohesiva, o conectiva, que da a su arquitectura un especial carácter. Así, en la arquitectura de Herrera y de un modo especial en la lonja, no resulta fácil el distinguir—que quiere aquí decir el entender como aspectos diferentes de la realidad arquitectónica—plantas, secciones y alzados. Su arquitectura no es, en modo alguno, el resultado de «aplicar» a un

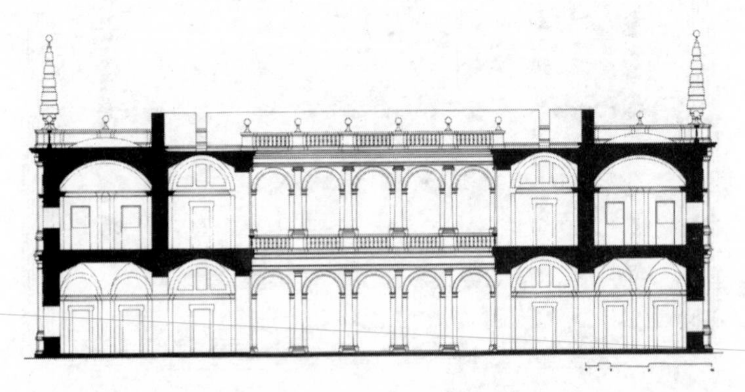

Sección de la lonja de Sevilla, basada en el dibujo original publicado en el catálogo *Herrera y el clasicismo*.

sólido una fachada. Plantas y alzados son aquí representaciones parciales del «cubo elementado», no cabe el segregarlas, el estudiarlas por separado. En la arquitectura de Herrera, y en especial en la lonja, las plantas y los alzados están supeditados a la condición unitaria del todo. Detengámonos en las fachadas. Si algo las caracteriza es su condición plana. No hay apenas resaltes. Tan sólo el guardapolvos de la ventana alta se proyecta con energía acentuando la horizontalidad del volumen. La lonja se nos muestra, por tanto, con voluntaria bidimensionalidad que nos permitiría hablar de fachadas dibujadas. Diríase que Herrera no olvida el valor que ha dado a la «superficie» al generar el «cubo» y que las fachadas de la lonja, a pesar de su íntima cohesión con el todo—del cual en último término depende—, mantienen la temporal autonomía que la «superficie» tenía en el proceso de formación del cubo.

De ahí que las esquinas se produzcan en la lonja como cuasiautomáticos encuentros de los planos de fachada: a diferencia de lo que ocurre con frecuencia en las esquinas

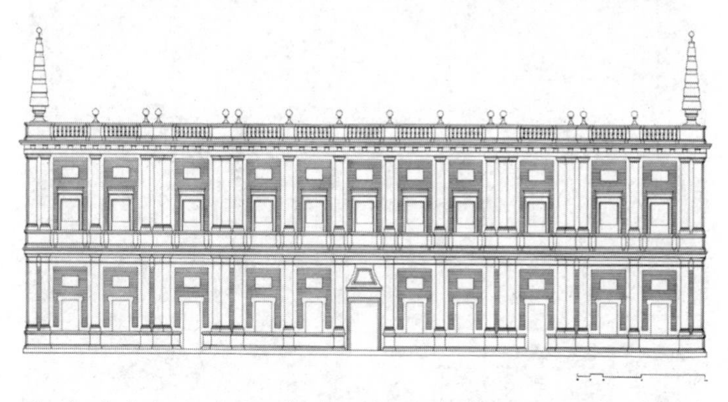

Alzado de la lonja de Sevilla, basado en el dibujo original publicado en el catálogo *Herrera y el clasicismo*, Juan Carlos Arnuncio, Valladolid, 1986.

del Renacimiento tardío y del Barroco, que se convierten en auténticas matrices del volumen construido, las esquinas de la lonja están dictadas por los planos que la definen y prueba de ello es la duplicidad de la arista que da lugar a lo que un castellano atento a la construcción llama encuentro «a canto de pilastra». Pero hay otros aspectos de la voluntaria bidimensionalidad de la fachada que suscitan nuestro interés. Así, el hábil empleo de piedra y ladrillo conjuntamente. Aunque este tipo de «mixtiones» pudiese hacernos pensar que Herrera está atento a Vignola, lo que a mi entender le preocupa es, por un lado, aligerar la planta alta y, por otro, encontrar el vehículo que le permita explorar la condición de fachadas planas a que le obliga el proyecto de la lonja mediante una cuidadosa traba de texturas diversas.[32] Sin duda, la diversidad de texturas fue un acierto, pues de otro modo difícil hubiera sido el maridaje de dos plantas de casi idéntica altura, siendo en los tarjetones

que se incluyen tanto en una como en otra planta allí donde el cambio de material muestra de modo singular su eficacia ya que, aun cuando sus dimensiones son las mismas, los materiales de los paños que los contienen nos los hacen percibir como diversos.

Hablar de la fachada obliga, por otra parte, a considerar la importancia que en la misma tiene la coronación. El rigor numérico de esta arquitectura—que a nadie extrañará tras de haber explorado el *Discurso*—se manifiesta en la regularidad asombrosa de la cornisa en la que está la clave para entender toda la estructura modular que sigue el trazado de la lonja: las ménsulas señalan, exactamente, el orden de los intercolumnios y nos hacen reflexionar acerca del rigor del orden numérico de la traza originaria, capaz de mantener su vigencia a lo largo de un lento proceso de construcción. La cornisa se prolonga en el antepecho o peto, volviendo a insistir en el orden mencionado, y se remata con bolas esféricas y arrogantes pináculos, tal vez los elementos iconográficamente más poderosos de la lonja, elementos que Herrera había usado profusamente en El Escorial, y que en la lonja encontramos, tal vez porque fueron elementos que se incorporaron muy tardíamente a la fábrica, un tanto desvirtuados: al margen de consideraciones más o menos anecdóticas, hay que reconocer que los pináculos refuerzan la independencia del cubo de la lonja al aludir a las aristas que lo definen y, en último término, contribuir a deslindar en el ámbito urbano al cuadrado que lo origina. De procedencia figurativa bien diversa a los pináculos góticos, los de la lonja parecen hacer una concesión a las formas catedralicias que con tanta fuerza se dibujan en el cielo sevillano, como si buscaran la reconciliación en la levedad del aire.[33]

Pero todavía no quedó dicho, haciendo en ello el hincapié que merece, que la estructura de la planta se transparenta en el plano vertical de la fachada con increíble rigor. La fachada como extensión de la planta o, mejor dicho, como paradigma plano de la tridimensionalidad de lo construido. Y así, en el plano vertical que la configura están presentes tanto la estructura muraria del edificio como el sistema de vacíos, que da lugar al espacio habitable. La corporeidad que trae consigo la condición tridimensional de la arquitectura acepta una reducción bidimensional sin que en el tránsito se pierda elemento alguno. Todos los problemas de la planta palpitan en ella. Veamos, por ejemplo, lo que ocurre con la disposición de las puertas. Cada una de las fachadas cuenta con tres puertas de acceso. Dos de ellas, las laterales, dan acceso directo a los corredores del patio-claustro; la otra, situada en el centro, sobre el eje, da también paso al espacio interior tras vernos obligados a cruzar transversalmente una sala rectangular de proporciones 5 a 2. Curiosamente, las dos puertas laterales—a las que cabría calificar de secundarias si se atiende a la jerarquización que parecen imponer los ejes—quedan enmarcadas por dobles pilastras, lo que las hace parecer más importantes que la situada en el centro, que, sin embargo, disfruta de mayores dimensiones y cuenta con un hermoso y generoso guardapolvos o copete que la distingue y realza: no hay duda de que la puerta situada sobre el eje es (son) la puerta (las puertas) de la lonja. Pero no puede ignorarse la ambigüedad que produce el triple acceso que, a mi modo de ver, refleja la voluntad del arquitecto (o de los arquitectos) por hacer del espacio abierto del patio-claustro el episodio clave de la lonja: de ahí que se acceda indistintamente al patio-claustro desde los cuatro costados. Sin embargo, una sutil diferencia parece dar primacía a la orientación E-O. En efecto, en las dos salas rectangulares situadas a naciente y poniente, el muro longitudinal se abre, transformándose las ventanas en arcos, lo que da lugar a una mayor permeabilidad. La escalera de Lucas Cintora ha venido a oscurecer este sutil distingo que advertirá quienquiera examine con atención la planta.[34]

Tal vez esta anomalía de la planta refleja un estadio previo del proyecto. En efecto, hay un dibujo, recientemente descubierto y que los estudiosos consideran copia directa de alguno de Herrera, en el que la permeabilidad de la lonja—la lonja como patio/claustro—se manifiesta al dibujar las fachadas dando primacía a una arquería de cinco vanos que da paso franco y directo al interior de la misma. El acceso al patio-claustro se produciría así en el centro y no coincidiendo con los corredores como ocurriría en la versión definitiva. La claridad de propósito de que hace gala este dibujo se perderá en la versión definitiva, de cuya ambigüedad ya hemos hablado. Diríase que el arquitecto ha optado por ser menos explícito, más discreto: la lonja se protege con rejas; hace sus puertas inciertas confiando a su dimensión más que al ornamento lo que será el uso y la jerarquía. Tan sólo en la planta quedaría rastro de esta primera propuesta.[35]

Herrera nos ha dicho en su *Discurso* que lo activo y lo pasivo se funden en el «obrar», sin que sea posible el distinguir dónde se encuentran -agentes y -agibles cuando la criatura (¿deberíamos escribir «cubo elementado»?) alcanzó su «plenitud» y «reposo». Consciente del riesgo que implica el aventurarnos en el proceso del proyecto—el «obrar»—de Herrera, me atrevería a decir que la lonja tiene su origen, arranca del patio/claustro. Sin duda, Herrera sabía que la lonja se construía próxima a la catedral, que iba a encontrarse con ella: frente a la Sevilla que había transformado en iglesia catedralicia el espacio sagrado islámico, vistiéndolo con aquellos paños góticos a los que tan altaneramente daba remate una singular tropa de pináculos, la lonja iba a encarnar, en el tardío siglo XVI, la apuesta por un mundo atento a los negocios humanos. Y así, si para la catedral todavía sirve la metáfora del bosque infinito de columnas en cuya inmensidad nos perdemos, la lonja iba a presentársenos, en virtud del proyecto herreriano, como paradigma del espacio abierto: un espacio público no sacralizado por la cubierta. Herrera parece así ser sensible a los precedentes sevillanos del Patio de los Naranjos o de las gradas de la catedral, donde hasta entonces los miembros de la Universidad de Mercaderes gustaban encontrarse. Una lonja

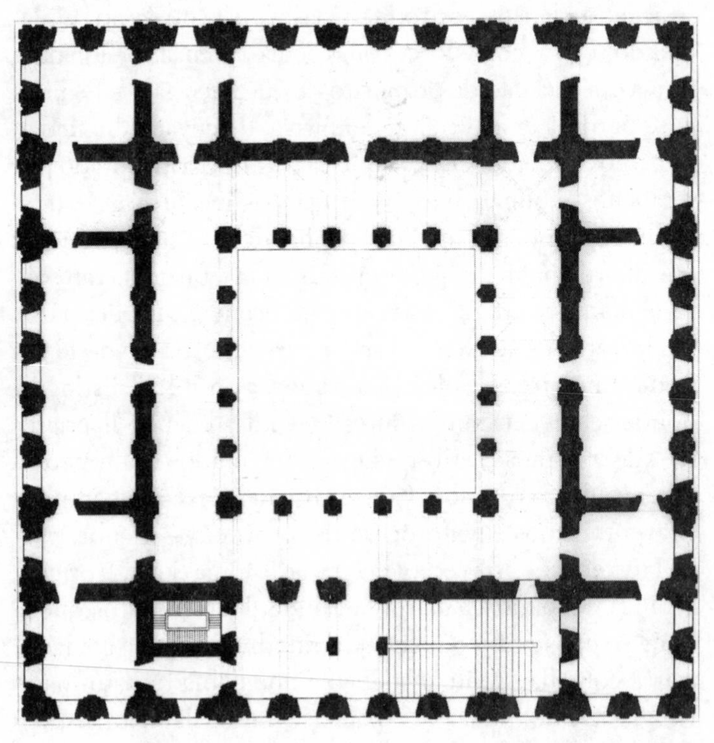

Planta segunda de la lonja de Sevilla, basada en el dibujo original publicado en el catálogo *Herrera y el clasicismo*.

concebida como espacio abierto, permeable, como lugar de encuentro, sin referencia tipológica clara, le permite a Herrera hacer de un jerárquico y abstracto concepto de patio/claustro el origen de su proyecto.

Quienes se han ocupado del patio-claustro de la lonja han hablado de su proximidad con el patio de los Evangelistas de El Escorial.[36] A mi entender, hay que aceptar que así fue y que Juan de Herrera tuvo muy presente la experiencia adquirida en el proyecto y construcción de aquel patio cuando dibujó las trazas del edificio sevillano. Sabemos que Herrera se había ocupado de refinar el diseño establecido por J. B. de Toledo para el patio de los Evangelistas poco antes de 1572 y con seguridad, aunque sólo sea por la proximidad cronológica, tenía frescos los problemas con que se había encontrado en El Escorial cuando comenzó a pensar en la lonja. Los módulos y medidas utilizados en uno y otro son casi idénticos—14 pies en el intercolumnio—, siendo la dimensión total de la lonja casi coincidente con el cuadro del patio. Podría uno aventurar que Herrera se sirvió de las dimensiones bien conocidas del patio para definir las de la lonja. No es de extrañar que así fuera: la práctica profesional muestra con frecuencia los préstamos que a los arquitectos les proporciona la experiencia.[37]

El reconocer su origen nos anima a establecer las diferencias: la lonja plantea, como veremos ahora, problemas bien distintos a los del patio escurialense. Así, en la lonja se superponen los órdenes dórico y jónico, como ocurre en El Escorial, pero el hecho de en el edificio sevillano se haya prescindido del pedestal transforma por completo el carácter del patio-claustro. Herrera vuelve al modelo del Teatro Marcelo que recoge Serlio, pero, sobre todo, al prescindir del zócalo-pedestal que dejaba encerrados a los corredores en El Escorial, libera la conexión entre corredores y espacio abierto, pudiendo hablarse de absoluta y estricta continuidad: hay que imaginar que en la lonja herreriana corredores y patio formaban un todo continuo en el que reposaba la esencia del programa. Las columnas, por otra parte, se convierten en elementos más próximos, menos enfáticos cuando nacen directamente del pavimento. Algo que ya había puesto de manifiesto Rafael en Villa

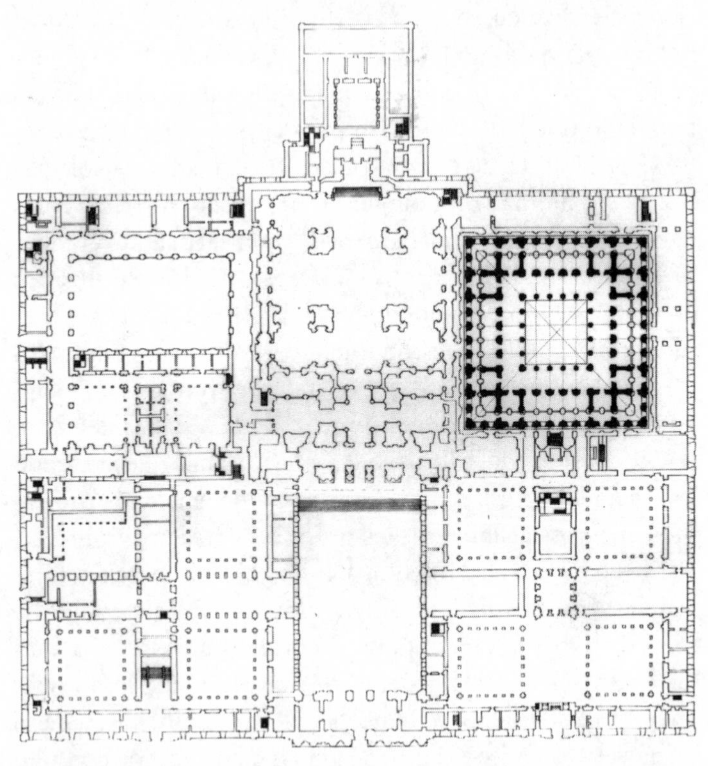

El elemento definido en el patio de los Evangelistas de El Escorial se usó como base para la lonja. La fachada exige un nuevo sistema de alineaciones que tiene un volumen que se inscribe en el vacío del patio con sorprendente proximidad: las diferencias son el resultado de los cambios introducidos en el diseño de la fachada.

Madama y que, sin duda, Herrera había comprobado tras su experiencia en el patio escurialense. Pero este primer aspecto que nos permite establecer debidas distancias entre el patio de los Evangelistas y la lonja es, quizá, menos definitivo que el que establecen las proporciones. En el patio de los Evangelistas la doble arquería de los órdenes superpuestos difícilmente puede ser interpretada como una fachada: mantiene la estructura lineal y seriada de los claustros. Pero el paso de los once intercolumnios escurialenses a los cinco del patio-claustro de la lonja intensifica de tal modo la relación entre ellos que ya no es posible el considerarlos como elementos de una serie. Las arquerías del patio-claustro de la lonja se nos presentan como un todo con entidad propia. En efecto, dada la inevitable contigüidad de los cuatro costados, el patio/claustro se convierte en un todo indivisible, no pudiendo, por tanto, hablarse de fachadas y sí de un episodio arquitectónico forzosamente tridimensional y que como tal se nos presenta.

Herrera, que había tenido ocasión de integrar en la complejísima planta de El Escorial muchas figuras perfectas, tiene en la lonja la oportunidad de hacer que éstas vivan por sí mismas, sin las trampas que siempre tienden a la arquitectura tipos y programas. Servidor del lenguaje cuasicanónico de los órdenes, Herrera es capaz en la lonja de que coincidan la norma al uso con los números y la geometría. El *Discurso* nos hace pensar que Herrera se fía más de los números y de la geometría que de las disquisiciones lingüísticas. El patio-claustro de la lonja sorprende por su pureza: los elementos arquitectónicos, el lenguaje establecido por el Renacimiento, se nos presenta sin contaminación alguna. Tal pureza «vacía» de contenido semántico el patio-claustro y resulta difícil imaginar en él tanto el trajín del comercio como la discusión estilística. La condición despojada de esta arquitectura no permite demasiadas referencias circunstanciales y, desde luego, resulta difícil el establecer relaciones entre la lonja y el mundo figurativo de las artes plásticas sevillanas a fines del siglo XVI. Me resisto a entender la lonja como un ejemplo de aquella voluntad de emular a Roma que se ha querido ver en los artistas sevillanos de entonces.[38] Herrera, que acepta los órdenes, ignora la disputa de sus contemporáneos a propósito con prematuro rescate de la arquitectura de la Antigüedad. Y ello no por falta de conocimientos, bien sabemos lo harto nutrida y puesta al día que estaba su biblioteca.[39] Pero muchas de las disquisiciones de quienes entonces escriben de arquitectura, no parecen interesarle. El *Discurso* nos permite entrever cuáles son sus deseos: una arquitectura construida como la naturaleza que Dios había creado. Obsérvese que hemos dicho «construida como» y que en ningún momento hemos sugerido que Herrera fuese un naturalista pendiente de la mímesis del mundo en torno. Para tal modo de entender la arquitectura toda referencia a lenguajes arbitrarios sobra. En efecto, en la misma lonja se advierte una cierta desaparición de los elementos lingüísticos que dicta la norma. Si admitimos que, establecido el origen mediante el canónico patio-claustro, el edificio acepta las «contaminaciones» y «mixtiones» de que habla el *Discurso*, entenderemos que al dilatarse el citado patio-claustro los elementos lingüísticos se disuelvan en la masa de lo construido hasta desaparecer. Así, en las fachadas, las referencias lingüísticas se difuminan hasta quedar cuasiborradas: los ligeros resaltes de las pilastras son mucho más rastros sintácticos que dan cuenta de la estructura muraria que elementos arquitectónicos aceptados por norma.

Habría, por último, que hablar del lugar. Posiblemente Herrera conocía Sevilla, a donde bien pudiera haber acudido acompañando a Felipe II en su visita de 1570.[40] No se le escaparía, por tanto, la importancia que la catedral tiene en la ciudad y, sin embargo, parece ignorarla. En efecto, la lonja se levanta con absoluta independencia respecto a la catedral. Su autonomía respecto al entorno es, sin duda, uno de sus atributos más visibles. Tras leer el *Discurso* bien se puede admitir que, para Herrera, un edificio era un «cubo elementado», correspondiendo al arquitecto la sabia «mixtión» de los elementos que lo componían. Pero la noción

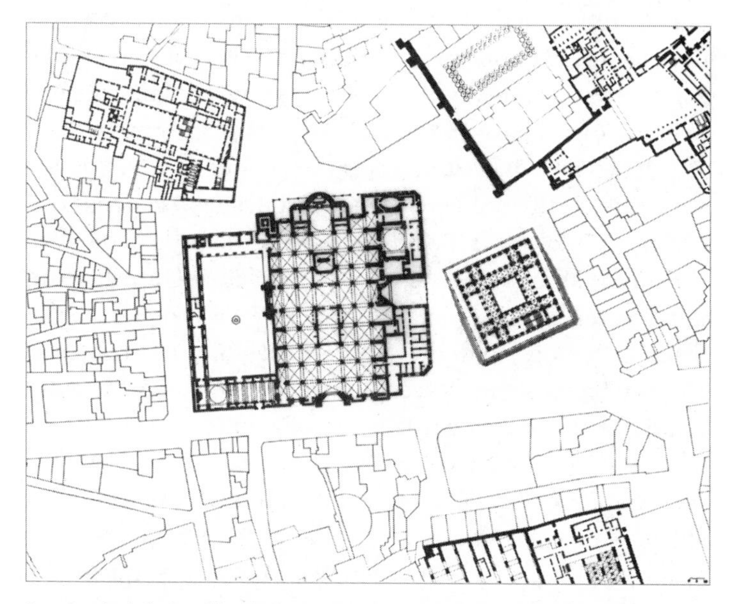

La catedral de Sevilla y la lonja. La orientación revela su independencia de los edificios del entorno. Sin duda, la lonja referencia a estos antecedentes la libertad de que goza junto con el volumen imponente de la catedral. Este dibujo está basado en un plano reproducido del *Diccionario histórico de las calles de Sevilla*, una publicación del Ayuntamiento de Sevilla y la Consejería de Obras Públicas y Transporte (Sevilla, 1993), y de planos preparados por el arquitecto Francisco Torres Martínez de sus estudios sobre Sevilla.

de «cubo elementado» traía consigo, y como consecuencia inevitable, la de «individuo», ser único, indivisible, capaz en su plenitud de ignorar el lugar. No hay, por tanto, que extrañarse de la ostentosa indiferencia que se levanta frente a la catedral: la lonja debería ser arquitectura indiferente al lugar, abierta a mercaderes que vienen de los cuatro puntos cardinales, que se encuentran en un punto dado que adquiere forma mediante la construcción de un patio-claustro. ¿Adelantaban las trazas que envía Herrera en 1582 el modo en que el edificio debía orientarse para poder mantener su autonomía? ¿Fue Herrera enteramente responsable de la posición en que se levantó la lonja? ¿Definió el emplazamiento de la misma ateniéndose tan sólo a mantener una precisa orientación atendiendo a algún oculto propósito? ¿Se debieron a él las indicaciones para que el edificio quedase enmarcado por las columnas truncadas y cadenas que con tanta fidelidad reflejan las pilastras de la fachada? Son preguntas abiertas a las que es preciso contestar sin abandonar el terreno de la conjetura. Cabe pensar que se harían llegar al arquitecto del rey trazas y rasguños mostrando el emplazamiento, máxime cuando el lugar elegido hacía uso de las Herrerías Reales, de parte, al menos, de la plaza del Alcázar y de la antigua Casa de la Moneda, y del Hospital de Tablas. Desgraciadamente no se conocen planos de Sevilla que nos permitan recomponer el trazado de las calles y la posición que en ellas ocupaban los edificios que se derribaron. Quizá el descubrimiento de nuevos documentos proporcione un día la clave para entender la orientación de la lonja. Lo que sí se cuenta es que la orientación del edificio—o, mejor, la libertad de que parecían disfrutar los arquitectos para orientarlo—va íntimamente ligada al plano horizontal en que reposa. Construir un plano horizontal en que asentar el edificio garantizando aquella indiferencia frente al lugar que subraya la autonomía formal de la construcción, del «cubo elementado» en que pensaba Herrera. La lonja mantiene su condición de tal, al eliminar el pódium cualquier accidente que pudiera dar razón de su forma. ¿Era el *pódium*—que, por otra parte, se configura mediante escalones—un dato de partida para poder mostrar la construcción que reclamaban las trazas de Juan de Herrera? Quizá cabe pensar que sí, no hay que olvidar la importancia que la definición del plano horizontal tenía en un edificio como El Escorial, pero naturalmente queda la puerta abierta para estudios que permitan conocer con más exactitud el desarrollo de los acontecimientos. En todo caso, hay que hacer constar que quienes intervinieron en la definición de los límites, quienes emprendieron la construcción fueron habilísimos al sentar las bases para que la multiplicidad de accesos que estaban en el origen mismo del edificio proyectado no resultaran faltos de la «concordancia» que el *Discurso de la figura cúbica* reclamaba. Desde suelo nuevo, ajeno a un pasado que el pódium ha borrado tan eficazmente, la lonja iba a medirse con la catedral, paradigma de lo contingente en cuanto que fiel reflejo del correr de la historia, subrayando su actualidad, su condición de forma plena, intemporal. ¿No hemos leído en el *Discurso* que desde el Arte luliano cabe alcanzar la perfección que admiramos en la naturaleza?

Llegados al final de estas notas, forzoso es hacer algunas reflexiones. En las mismas intenté ver la arquitectura de la lonja a la luz de los principios del *Discurso*. No puedo eludir, para no confundir al lector, dos preguntas que a continuación me formulo. En primer lugar, ¿estamos convencidos de que el *Discurso de la figura cúbica* es un texto de Juan de Herrera?[41] Desde que Jovellanos descubre el manuscrito de Mallorca así parece haberse admitido. El conocimiento que hoy tenemos de la biblioteca de Juan de Herrera confirma su profunda devoción por las doctrinas de Raimundo Lulio. No puedo, naturalmente, embarcarme en una discusión acerca de la autenticidad de las versiones manuscritas que del *Discurso* se conservan, pero lo cierto es que estas notas han sido redactadas pensando en que el *Discurso* era, en efecto, un texto de Juan de Herrera.

La pregunta que debía formularse inmediatamente después es ésta: ¿se corresponde la lonja tal y como hoy la conocemos con lo que fueron las trazas de Juan de Herrera? Es claro que por la obra pasaron, dejando clara huella de su presencia, numerosos arquitectos. Sabemos con exactitud cuál fue el trabajo de algunos; no tanto el de otros. A pesar de que las bóvedas de la planta alta poco tienen que ver con lo que hubiera sido la lonja de haber seguido las trazas de Herrera, lo cierto es que, a pesar de ser tan importantes elementos, no afectan sustancialmente a la percepción de su arquitectura, que es, a nuestro entender, bien ajena al lenguaje de aquéllos. Otro tanto puede decirse a propósito de la cubierta. Más problemático resulta, sin embargo, el aceptar que las fachadas son tal y como Herrera las dispuso. De ser así, y si es de Herrera el dibujo recientemente descubierto, en algún momento el arquitecto cambió su proyecto encaminándose las fachadas hacia la atractiva y misteriosa ambigüedad con que han llegado hasta nosotros. Tal vez estudios posteriores permitan resolver esta cuestión.

Pero al margen de cómo se responda a las preguntas formuladas, lo que me gustaría que estas notas pusieran de manifiesto es la congruencia entre la propuesta de cosmología que en el *Discurso de la figura cúbica* se hace y la arquitectura de la lonja. El *Discurso* nos deja ver el ambicioso proyecto de Juan de Herrera, eminente luliano, que pretende descubrir el secreto de la vida de las criaturas mediante el conocimiento de aquella estructura interna descrita como «cubo elementado», y lo que en estas cuartillas se defiende es que el arquitecto Juan de Herrera construye respetando los principios del *Discurso*. Si el proyecto del discípulo de Raimundo Lulio comprende a todas las criaturas, no pueden quedar excluidos del mismo los edificios, aquellas criaturas de que son responsables los arquitectos y hay entonces que admitir que, en cuanto tal, construye sirviéndose de los principios que tanto respeta. La aventura intelectual del arquitecto de Felipe II es, en verdad, admirable y habla de una independencia de juicio y pensamiento poco común. La lectura del *Discurso* nos acerca a su trabajo y, sobre todo, nos hace ver su arquitectura, y de ahí su grandeza, más próxima al sueño que los humanos siempre alimentaron de llegar un día a entender el misterio de lo creado que a disputas relacionadas con cuestiones de estilo o manera.

NOTAS

[1] Está debidamente documentado que Felipe II encomendó a Juan de Herrera las trazas de la lonja en 1572, atendiendo al ruego del arzobispo Cristóbal de Rojas y Sandoval, quien se quejaba de que los mercaderes llevaban a cabo su actividad en el recinto de la catedral. Pero entre 1572, fecha en que el rey aprueba la construcción de la lonja, y el comienzo de las obras en 1582, hay todo un trámite bien documentado—elección de los solares, tasación de las construcciones existentes, búsqueda de la financiación de la obra, etcétera—que nos habla de cuatro posibles emplazamientos, de la decisión de construir en las Herrerías Reales y solares en torno, de unas trazas para la nueva lonja del maestro Asensio de Maeda, etcétera. El proceso termina cuando en 1581 Felipe II establece que será en las Herrerías y siguiendo las trazas de Juan de Herrera y no las de Asensio de Maeda como se construirá la lonja, dando las oportunas órdenes para el derribo de aquéllas a don Enrique de Guzmán, conde de Olivares. Hay que suponer que si las trazas que dibujó Juan de

Herrera en 1572 mantenían su vigencia, se actualizarían tras la elección del solar. Sabemos que Francisco de Mora se ocupó de ellas, llevándolas personalmente a Sevilla y que Juan de Minjares, aparejador, que había trabajado con Herrera en El Escorial, y persona de su confianza—Herrera dispone en su testamento que se le pague la deuda que con él tiene contraída por el envío de un caballo andaluz—, fue nombrado Maestro Mayor en marzo de 1583. En el tiempo que media entre tal nombramiento y la incorporación de Minjares a las obras a fines de 1583, se ocupó de las mismas Juan de Ochoa, arquitecto cordobés, a quien hay que hacer responsable de las demoliciones y tal vez de la explanación. Minjares se ayudó de otros colegas, tales como Juan Bautista de Zumárraga y Alonso de Vandelvira. Este último, incorporado a la obra en 1589, hijo del famoso Andrés de Vandelvira, sería responsable de las bóvedas de la planta alta. En 1598 está terminado el sector del edificio más próximo a la catedral, quedando abierto al público según consta en una inscripción que todavía se conserva en el edificio. Al morir Minjares en 1599, Alonso de Vandelvira se hace cargo de la obra y a él se deberían muchos de los remates y acabados de la planta alta. Las obras de la lonja sufrirán a comienzos de siglo diversas vicisitudes y, al ausentarse Alonso de Vandelvira, se hizo cargo de la dirección de las obras Miguel de Zumárraga, hijo de Juan Bautista, a quien correspondería finalizar las cubiertas prescindiendo del proyectado tejado. Miguel de Zumárraga mantiene el cargo hasta su muerte en 1630. Otros maestros, tales como Marcos de Soto, Juan Bernal de Velasco, Pedro Sánchez Falconete, trabajan en la lonja hasta mediados del siglo XVII, en que la obra se puede considerar finalizada. La decadencia del comercio hace que el edificio no se utilice exclusivamente como lonja, y en él se instalan una Academia de Pintura y diversas viviendas a finales del siglo XVII, que se abandonan a mediados del siglo XVIII. Cuando el ministro Gálvez encarga a Juan Bautista Muñoz el poner orden e instalar debidamente la documentación del Archivo de Indias, éste recomienda la restauración de la lonja para tal fin. Aceptada la propuesta, se encomienda al arquitecto Lucas Cintora el trabajo. Su intervención, discutida en su tiempo y, sin embargo, a nuestro entender, merecedora de respeto, transforma la lonja en Archivo de Indias, y será la construcción de una nueva escalera donde su contribución como arquitecto a lo que sería pura imagen del edificio se hace más visible. Para un estudio de las distintas intervenciones en la lonja, véase: Alfonso Pleguezuelo, «La lonja de mercaderes de Sevilla: de los proyectos a la ejecución», *Archivo Español de Arte*, 1920, pp. 15-42; Alberto Humanes Bustamante, «De la Real Casa lonja de Sevilla al Archivo General de Indias», *La América española en la época de Carlos III*, Sevilla, 1986; Luis Cervera Vera, «Juan de Herrera diseña la lonja de Sevilla», *Boletín de la Academia de Bellas Artes de San Fernando*, primer semestre de 1981; Carmen Méndez Zubiría, «La Casa lonja de Sevilla», *Aparejadores*, n.º 4, marzo de 1981; Ana Marín Fidalgo, *El alcázar de Sevilla bajo los Austrias*, Sevilla, 1990.

[2] El *Discurso de la Figura Cúbica* fue descubierto por Melchor Gaspar de Jovellanos durante su destierro en Mallorca. Lo encontró en el monasterio cisterciense de Santa María de la Real y transcribió una copia que envió a Ceán Bermúdez. Jovellanos es quien en primer lugar da cuenta de tal descubrimiento en su *Vida de Juan Herrera*, escrita en 1812 en Madrid y publicada por Ceán Bermúdez en *Ocios sobre Bellas Artes*, Madrid, 1870. Allí se lee, p. 54: «Presentaron este precioso manuscrito que existe en la librería del Monasterio de Santa María del Cister, situada a media legua de Palma, capital de Mallorca, a nuestro socio sin ventura al Sr. D. Gaspar Melchor de Jovellanos, cuando la envidia, la injusticia y la iniquidad le tenían aherrojado en el Castillo de Bellver de aquella isla. Fué grande el placer y sorpresa del saber académico con el hallazgo de una obra tan rara y curiosa, de que no tenía noticia, sin duda por no haber a la mano en aquella prisión la Biblioteca Nova de D. Nicolás Antonio que hace mención. Al instante sacó una copia exacta con todas las figuras geométricas que contiene y como lo más extraño de este discurso sea que su autor se haya propuesto según el método de Raimundo Lull, el transcriptor, que no deseaba otra cosa que distraer su triste imaginación y ocuparse como siempre lo hizo, de obsequio de las ciencias y artes nacionales, escribir una Advertencia muy erudita, la que refiere la existencia del manuscrito, su descubrimiento, su forma, señas y originalidad, el objeto del discurso, su autenticidad y estilo, la historia del método y doctrina de Lull hasta el tiempo de Herrera, cómo y por qué adoptó éste su método, metiéndose después en el laberinto de su doctrina, con reflexiones muy curiosas sobre una materia tan exótica. Conservo la copia y la Advertencia, dignas de la luz pública y no pudiendo verificarlo de la copia, por las muchas figuras que comprenden, me contentaré con trasladar la Advertencia para complacer a mis lectores». Perdida la copia que encontró Jovellanos, aparecieron más tarde dos códices que se conservan en el monasterio de El Escorial. Julio Rey Pastor publicó una edición del mismo, *Discurso de la figura cúbica*, Plutarco, Madrid, 1935, y en 1976 Roberto Godoy y Edison Simons editaron el *Discurso del Se-*

ñor Juan de Herrera, Aposentador Mayor de S. M., sobre la figura cúbica, Editora Nacional, Madrid, Biblioteca de Heterodoxos y Marginales. Las citas que aquí se recogen proceden de esta última edición del *Discurso*, en cuyo prólogo se lee, p. 64: «de los dos códices, A (d.III.25, folio III a folio 153) y B (g.IV. folio 20 a folio 74), que se conservan en la Biblioteca del Monasterio de El Escorial, hemos escogido el primero, por las siguientes razones: por ser el texto más completo; por haber sido *dictado* a sucesivos escribientes y no *copiado* por amanuenses como lo fue el segundo; por su textura rica en accidentes». Lo transcribió Elvira Tundidor de Carrera y en principio se ha respetado su ortografía salvo en momentos en que hemos optado por ponerla al día en razón de una más simple lectura. Del *Discurso* hablan todos aquellos que se han ocupado de Juan de Herrera, desde Agustín Ruiz de Arcaute, autor de una de las primeras monografías sistemáticas sobre su obra (Madrid, 1936), hasta Catherine Wilkinson Zerner, autora de la más reciente. Pero sea por la condición hermética del texto, sea porque han pensado que no tiene interés el relacionar directamente esta faceta intelectual de Herrera con su condición de arquitecto, el hecho es que el *Discurso* aparece como un episodio más de su curiosidad intelectual sin hacer de él un tipo de lectura que permita establecer una cierta conexión con su arquitectura. Ni tan siquiera René Taylor, que es el autor que más atención ha prestado por este tipo de intereses en la obra de Juan de Herrera, intenta una lectura/sumario de la obra. René Taylor, *Arquitectura y magia. Condiciones sobre la idea de El Escorial*, Madrid, Siruela, 1992, pp. 15-22. Preocupado por cuestiones relacionadas con la alquimia, René Taylor subraya la importancia que en el *Discurso* tienen conceptos como «armonía» y «unión» e insiste en el carácter «marcadamente arcano» de la misma. Tras reconocer la deuda que la obra tiene con Lulio—«Herrera incluso precisa, como hombre meticuloso que es, que su fuente es el capítulo titulado "De relatione" del *Arbor Elementalis*»—, René Taylor termina diciendo: «importancia práctica en el sentido de servirle de ayuda en sus tareas como arquitecto no creemos que tuviera ninguna», p. 36. Tan sólo Fernando Checa en *Felipe II, mecenas de las Artes*, Madrid, Nerea, 1992, intenta un sucinto resumen del *Discurso* y escribe, p. 320: «es cierto que en su *Discurso de la figura cúbica* Juan de Herrera no hace ninguna mención a la arquitectura, ni mucho menos a un edificio como El Escorial. Pero resulta natural relacionar estas ideas lulistas, profundamente impregnadas de una interpretación proporcional y geométrica, a la vez que cristiana, del tema de las figuras geométricas perfectas con una obra como el Monasterio de El Escorial... Pero hay algo más: el énfasis de la arquitectura del edificio en la figura cúbica, tema que se acentúa a partir de los cambios proyectuales de 1564, ha de responder a unas intenciones que sobrepasan las ideas de proporción, orden y claridad tan queridas por la doctrina renacentista del clasicismo italiano». La tesis desarrollada en este artículo propugna, coincidiendo con lo que apunta Fernando Checa, que en efecto la arquitectura de Herrera está más inspirada en los principios del *Discurso* que en las doctrinas arquitectónicas de la época, en las que, por otra parte, Herrera estaba tan versado.

[3] La relación de libros que la biblioteca de Juan de Herrera tenía, publicada por Luis Cervera Vera, *Inventario de los bienes de Juan de Herrera*, Valencia, Albatros, 1977, nos permite conocer cuáles eran las aficiones y las preocupaciones intelectuales de éste. La devoción que Herrera tenía por Lulio se refleja en las numerosas obras que de él poseía. No está claro el origen de tal influencia. El mismo René Taylor que en la nota 12 de su *Arquitectura y magia* nos dice: «que se sepa, Juan Bautista de Toledo no era lulista», unos renglones más abajo le hace responsable de la misma al decir «los orígenes del lulismo de Herrera son desconocidos, pero ya en 1579, fecha de su primer testamento, era lulista. Su interés por Llull posiblemente le viene de Juan Bautista de Toledo, que había llegado a España desde Nápoles, uno de los grandes centros del lulismo en Italia». Sin duda, una lectura atenta del *Discurso de la Figura Cúbica* requiere el estudio de la obra de Raimundo Lulio. Entre los estudios recientes: *Ramón Llull. Antología filosófica*, de Miguel Batllori, Barcelona, Laia, 1984, que recoge una selección de textos de sus obras más conocidas y que va acompañada de una introducción; Armand Llinarès, *Ramon Llull*, Barcelona, Edicions 62, 1968, 1987, traducción de la tesis presentada en la Facultad de Letras y Ciencias Humanas de Grenoble con el título *Raymond Lulle, philosophie de l'action*, en la que tras una biografía se estudian y analizan sus obras más importantes; Miguel Cruz Hernández, *El pensamiento de Ramon Llull*, Madrid, Castalia, 1977, donde se examina con especial atención la influencia que en su obra tuvieron los escritores y filósofos del islam. De interés por sus conexiones con lulistas como Giulio Camillo y Giordano Bruno que algunos han relacionado con Juan de Herrera, F. A. Yates, «The Art of Ramon Lull: An Approach to it through Lull's Theory of the Elements», *Journal of Warburg and Courtauld Institutes*, XVIII, pp. 115-173, 1954. Para un estudio más amplio de Llull, véanse los trabajos de T. y S. Carreras Artau: «El escolasticismo popular: Ramon Llull (Raimundo Lulio)», en *Historia de la*

Filosofía española, Filosofía cristiana de los siglos XIII *al* XV, I, Madrid, 1939, y «Esbozo de una historia filosófica del lulismo», *ibid.*, 1943.

[4] *Discurso del Sr. Juan de Herrera aposentador de S. M. sobre la figura cúbica*, edición de Edison Simons y Roberto Godoy, Madrid, Editora Nacional, 1976, p. 70.

[5] *Discurso*, p. 70.

[6] *Ibid.*, p. 70.

[7] *Ibid.*, p. 72.

[8] *Ibid.*, p. 72.

[9] Armand Llinarès, *Ramon Llull*, Barcelona, Edicions 62, 1968, 1987, p. 171.

[10] *Discurso*, pp. 84 y 85.

[11] *Ibid.*, pp. 88 y 89.

[12] *Ibid.*, pp. 89 y 90.

[13] *Ibid.*, pp. 90.

[14] *Ibid.*, pp. 93.

[15] *Ibid.*, pp. 101.

[16] *Ibid.*, pp. 103 y 104.

[17] *Ibid.*, pp. 105, 106, 107.

[18] *Ibid.*, pp. 107-110.

[19] *Ibid.*, pp. 110, 111, 112.

[20] *Ibid.*, pp. 112, 113, 114, 115.

[21] *Ibid.*, pp. 115, 116.

[22] *Ibid.*, pp. 116, 117, 118.

[23] *Ibid.*, pp. 118, 119, 120, 121.

[24] *Ibid.*, pp. 121, 122, 123, 124.

[25] *Ibid.*, pp. 124, 125, 126, 127, 128, 129, 130.

[26] *Ibid.*, pp. 131-138.

[27] *Ibid.*, pp. 138-152.

[28] Sobre el interés de Juan de Herrera en la cosmología y en la alquimia, véase René Taylor, *op. cit.*

[29] Matilde López Serrano, *Catálogo de Dibujos I. Trazas de Juan de Herrera y sus seguidores para el Monasterio de El Escorial*, Madrid, Patrimonio Nacional, Biblioteca del Palacio, 1944. La importancia que Herrera da a la línea en su *Discurso* vendría confirmada por la nitidez y precisión de estos dibujos. Del estudio de los mismos, en efecto, parece deducirse que la arquitectura queda engendrada por la línea: los dibujos de Herrera parecen sugerir que con tan sólo perfiles y contornos puede quedar perfectamente definida la arquitectura.

[30] *Discurso*, p. 134.

[31] *Ibid.*, p. 133.

[32] Véase F. Chueca, «Arquitectura del Siglo XVI», *Ars Hispaniae*, *op. cit.*, t. XI, p. 376: «Las raíces arquitectónicas de Juan de Herrera son serlio viñolescas; cuanto más atento el examen de su obra, más evidencias se descubren. Este entronque significa que su obra no es tan insólita como a primera vista parece; tiene raíces en una trayectoria que España había adoptado por suya y que tras la gran ocasión en El Escorial ha quedado enteramente nacionalizada. En el libro de Serlio vemos ya a Juan de Herrera; las eolipilas o bolas de fuego que ya aparecen en el Vitrubio de Cesariano y que son frecuentes en el libro del boloñés las convirtió Herrera en sus características granadas; los recuadros o espejos subrayando las ordenaciones, los grandes tarjetones blancos sobre fondos coloreados, los frisos amensulados (sobre todo en el orden compuesto), son todos motivos de Serlio que recoge Herrera. Viñola adoptó en su etapa boloñesa este típico lenguaje de Serlio y se hizo el más sutil intérprete de estos efectos de superficie que se logran con el tenue relieve de pilastras, recuadros y tarjetones. Una obra como el palacio Banchi de Bolonia, con su policromía de ladrillo y piedra, no puede por menos de recordarnos el palacio herreriano de Aranjuez, con sus pilastras casi sin relieve, sus recuadros, sus tarjetones y hasta su ventana central con su copete y boloñés. Juan de Herrera, espíritu matemático, pero sensible, encontró en estos sutiles lineamentos un modo personal de expresión que en todas sus obras nos hace descubrir su extrema sensibilidad; son estos lineamentos el vehículo de su lenguaje poético». Para Catherine Wilkinson Zerner, *Juan de Herrera, Architect to Philip II of Spain*, New Haven y Londres, Yale University Press, 1993, p. 89, la lonja es italianizante, pero no establece de qué escuela o arquitecto es deudor el edificio.

[33] Los pináculos u obeliscos con que se realzan las esquinas del edificio han sido con frecuencia objeto de críticas. Chueca (*op. cit.*, p. 378) los encuentra torpes y los atribuye sin más contemplaciones a Juan de Minjares. Catherine Wilkinson Zerner (*op. cit.*, p. 81) dice: «*The obelisks are not ugly in themselves; their style is purely Herrera. They are carefully disposed and their tapering at the bottom is an original invitation that gives them the independence of a statue. In part, examined separately, those obelisks are quite remarkable and they make a disastrous impression only because of their architectural setting. A late print reduced their size drastically in order to make the building appear more classical*». Los obeliscos, procedentes de elementos que puede rastrearse en Serlio, mere-

cerían un mejor juicio. Por un lado son eficacísimos a la hora de establecer la posición del edificio en el entorno urbano al realzar su altura; por otro, parecen querer aludir a los pináculos de la catedral sin concesión lingüística alguna. También convendría considerar cuál sería su efecto de haberse llevado a cabo la construcción del proyectado tejado.

[34] Sería de sumo interés estudiar con atención la intervención de Lucas Cintora en la lonja, no exenta, a mi modo de ver, de cierto talento. Sin embargo, mereció continuas críticas desde los días en que se llevó a cabo. Lucas Cintora salió al paso de las mismas publicando su *Justa repulsa de ignorantes y émulos malignos. Carta apologética-crítica en que se vindica la obra que se está haciendo en la lonja de Sevilla*, Sevilla, 1786.

[35] El dibujo publicado por Fernando Marías y Agustín Bustamante en *Dibujos de arquitectura y ornamentación de la Biblioteca Nacional, siglos XVI y XVII*, Madrid, Ministerio de Cultura, Biblioteca Nacional, 1991, es del mayor interés y plantea numerosísimos problemas. En el supuesto de que el dibujo sea una primera traza de Juan de Herrera, ¿cuándo y cómo se decide el cambio de estructura y de fachada? ¿Fue el uso—o, en términos más actuales, el programa—el que obligó a tal cambio? ¿Tomó tal decisión Juan de Herrera? Tal vez a estas preguntas puede dárseles respuesta con unos descubrimientos documentales. Por ahora, y dado el respeto que Juan de Minjares sentía hacia Herrera, suponemos que así fue y aceptado tal supuesto se han redactado estas cuartillas.

[36] La conexión entre el patio de los Evangelistas de El Escorial y el de la lonja ha sido observada por todos los estudiosos. Véanse F. Chueca (*op. cit.*, p. 377): «repite el patio al módulo de los Evangelistas de El Escorial», y Catherine Wilkinson Zerner (*op. cit.*, p. 81): «*the central courtyard is austerely classical in the manner of the Escorial*».

[37] Curiosamente hay once intercolumnios en el patio de los Evangelistas de El Escorial y once son los vanos de la fachada de la lonja.

[38] Véase Vicente Lleó Cañal, *Nueva Roma. Mitología y humanismo en el renacimiento sevillano*, Sevilla, Diputación Provincial, 1974.

[39] Los estudios de Luis Cervera Vera han permitido acceder a numerosos documentos sobre Juan de Herrera. En lo que se refiere a la biblioteca, véase Luis Cervera Vera, *Inventario de los bienes de Juan de Herrera*, *op. cit.*

[40] No hay, sin embargo, documento que testimonie la presencia en Sevilla de Herrera acompañando al rey.

[41] Cuando el profesor Howard Burns asignó al llorado profesor Manfredo Tafuri y a quien esto escribe sendos artículos acerca de la lonja, me

puse en comunicación con él y le manifesté mi propósito: ver la lonja de Sevilla con la ayuda de los principios del *Discurso*. Debo confesar que el profesor Tafuri se mostró escéptico y me dijo: «¿Quién me asegura que el *Discurso* es ciertamente un texto de Herrera?». No puedo por menos, ahora que desgraciadamente él no está con nosotros, que dejar, por un lado, constancia de su recelo acerca de una aproximación a la obra de Herrera como la que se desarrolla en este artículo, y manifestar, por otro, mi profunda tristeza al habernos privado el destino de sus palabras sobre la lonja: a juzgar por lo que fueron sus últimos escritos—y entre ellos el magnífico ensayo sobre el Palacio de Carlos V en Granada—, el texto sobre la lonja hubiera arrojado nueva luz sobre la enigmática figura de un arquitecto como Juan de Herrera.

EL CARMEN DE RODRÍGUEZ-ACOSTA EN GRANADA

LOS AÑOS OSCUROS

El descubrimiento de un álbum de fotografías en el que José María Rodríguez-Acosta fue dejando constancia, entre 1916 y 1928, de las distintas fases de construcción del carmen, y la posibilidad de cotejar dichas imágenes con los dibujos que guarda la fundación que lleva su nombre en Granada, me han animado a explorar, una vez más, tan singular obra. Consciente de lo intrincado de la materia, examinaré, sirviéndome de las fotos y de los dibujos, cuál fue el papel que en la edificación del carmen desempeñaron tanto los arquitectos que en ella intervinieron como el cliente, el pintor José María Rodríguez-Acosta. Hombre ya maduro al comenzar las obras de su casa-estudio, hay que pensar que elegiría el lugar tras cuidadosa reflexión y que, al decidirse en 1913 por aquel accidentado suelo, casi una escarpadura entre el callejón Niños del Rollo y la calle del Aire Alta, soñaba con una construcción singular que hiciese de su estudio significativa atalaya sobre la ciudad. El solar en el que el pintor Rodríguez-Acosta iba a levantar su casa/estudio concedía otra vez la primacía a la Alhambra, alejándose de lo que en aquellos días era el área más codiciada y valorada de Granada, la Gran Vía de la que la ciudad tan orgullosa estaba (figs. 1 y 3). Secundaba así la iniciativa del duque de San Pedro, quien, deseando fomentar el turismo en Granada, había levantado a pocos metros del solar adquirido por Rodríguez-Acosta el Hotel

1

2

3

Alhambra Palace, obra del arquitecto Modesto Cendoya.[1]

La primera serie de fotos del citado cuaderno nos muestra el estado en el que se encontraba el solar. Sorprende la pendiente de la ladera, cuajada de pitas y chumberas, entre las que se hacen notar los blancos muros de unas modestas construcciones levantadas al amparo de las tapias que definen el perímetro del solar. En él se vislumbran también almendros e higueras, en tanto que las parras hacen su aparición en las puertas de las modestas viviendas. Las tapias escalonadas son de fábrica de mampuestos, alternando éstos con cantos rodados. Dichas fábricas se enjalbegan con mortero de cal allí donde se convierten en paramentos de las humildes habitaciones. Las cubiertas de las viviendas son de teja árabe, con faldones de acusada pendiente que ponen de manifiesto la escasa dimensión de las crujías (fig. 2).

Unos planos con fecha de 10 de mayo de 1916, firmados por el arquitecto granadino Ángel Casas, nos llevan a pensar que José María Rodríguez-Acosta, consciente de la envergadura de la obra que abordaba, juzgó oportuno iniciarla construyendo, en la calle del Aire Alta, una pequeña casa que permitiera atender los trabajos en curso (fig. 4); en ella el arquitecto incorporó, posiblemente, algunos de los muros de las construcciones existentes, y su modestia habla del papel instrumental que a dicha casa se asignaba. Poco más tarde, en octubre de 1916, José María Rodríguez-Acosta recibe de manos del arquitecto malagueño Ricardo Santa Cruz los dibujos para levantar una casa-estudio en el callejón Niños del Rollo. El proyecto de Santa Cruz merece un atento examen. Hasta ahora su intervención ha sido minusvalorada.[2] Y, sin embargo, cabe decir que en el proyecto del arquitecto malagueño estaban ya implícitos tanto lo que será el carácter del carmen como los afanes ideológicos que inspiraban al cliente. Los dibujos que hasta no-

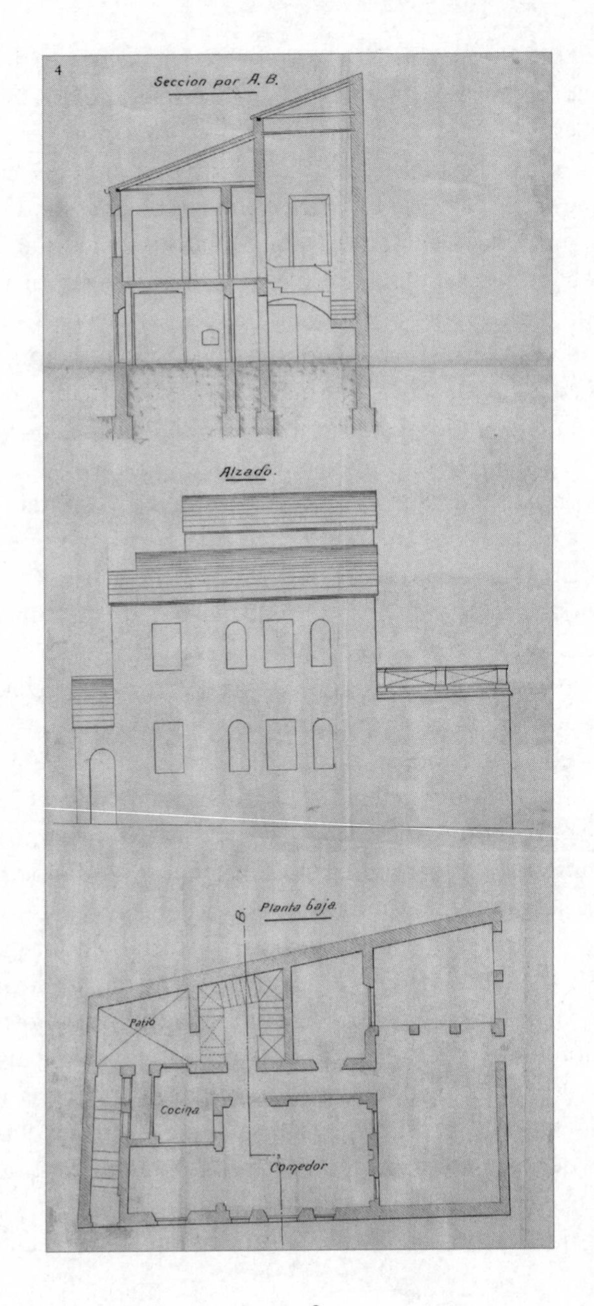
4
Seccion por A. B.
Alzado.
Planta baja.
B.
Patio
Cocina
Comedor

sotros han llegado de Santa Cruz no son muchos, pero sí lo suficientemente precisos como para poder adivinar el programa que el cliente ofreció al arquitecto. El proyecto de Ricardo Santa Cruz se compone de cuatro plantas, cuatro alzados y una sección a escala 1/100; otra sección más detallada del patio a escala 1/50; y, por último, una distorsionada perspectiva de la columnata del patio. Quien estudie estos dibujos verá en el proyecto de Santa Cruz muchos de los rasgos característicos del carmen. En efecto, en él se anticipan y establecen algunos de los elementos claves del mismo, tales como la fachada sobre el callejón Niños del Rollo—que ya incorpora la puerta y los elementos arquitectónicos de Úbeda—y el patio que se asoma a sur y que da paso a los jardines.

Detengámonos en el examen de las plantas. La estructura formal de las mismas se confía al cuadrado, figura geométrica asociada, por antonomasia, a un patio. Pero, en esta ocasión, el patio no configura la construcción que se produce en torno a él, como hubiera cabido esperar en un edificio tradicional. La planta baja del patio, a la que se llega desde unas escaleras próximas al acceso, conduce al jardín, cuya existencia se sospecha pero del que nada avanzan los planos (fig. 5). Será en la llamada planta principal donde encontremos la pieza más importante de la casa, la denominada en los planos «gran salón», una especie de *mégaron* clásico desde el que, a través de una columnata, se divisa la ciudad (fig. 6). La sección—que no es congruente con las plantas—permite adivinar un heterodoxo y ecléctico patio, cubierto con una cúpula baída rebajada, en el que conviven órdenes adintelados y arquerías de dudosa filiación estilística (S 1/50). Con el afán de convertir el patio en un espacio de generosa altura, aparece una «planta entresuelo», a la que, dada su escasa altura, pocos usos útiles cabía asignar (fig. 7).

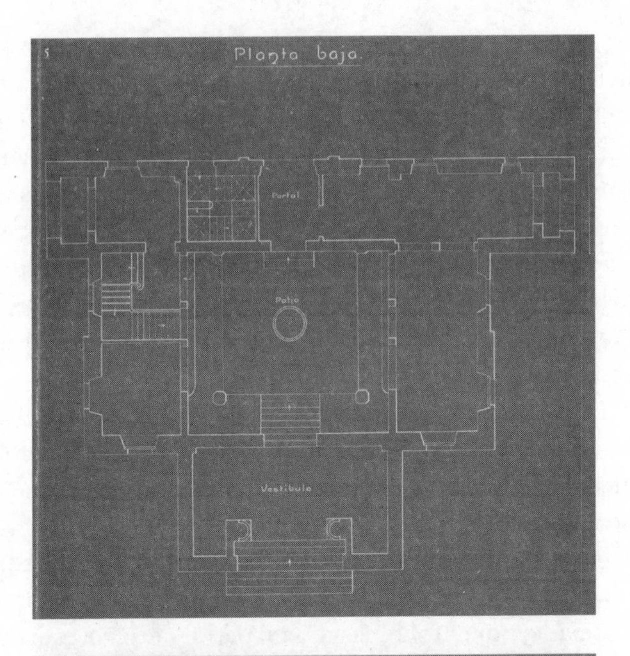
5
Planta baja.
Portal
Patio
Vestibulo

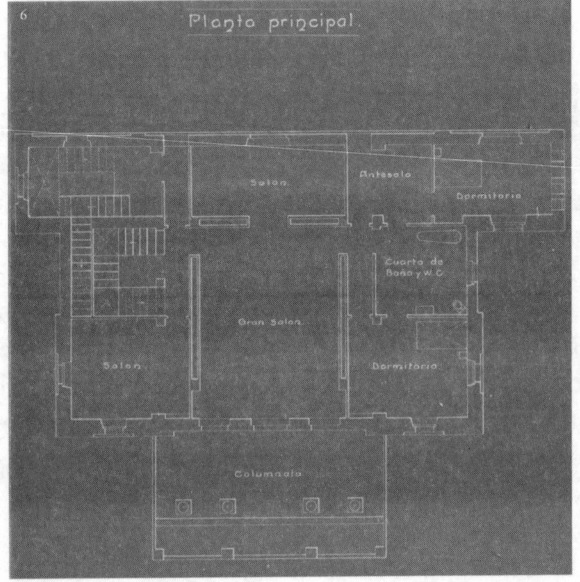
6
Planta principal.
Salon
Antesala
Dormitorio
Cuarto de
Baño y W.C
Gran Salon
Salon
Dormitorio
Columnata

Será preciso detenernos en el examen de la planta principal para entender más claramente cuáles eran los fines que perseguía el pintor Rodríguez-Acosta al construir una casa-estudio (fig. 6). En ella se manifiestan con claridad tanto el programa como los criterios compositivos de que hace uso el arquitecto. Y así, si nos atenemos a la disposición de las crujías, cabe entender la misma como el resultado de un proceso de escalonamiento que lleva de la frontal y alargada fachada norte a la conspicua columnata a sur. Se define así un orden telescópico—fachada/crujías centrales/columnata—que se manifiesta con claridad en el perímetro. Las crujías centrales contienen, por un lado, el área que resulta de cubrir el patio, el llamado «gran salón». Por otro, dos alas simétricas delimitadas por los muros exteriores y por aquellos que se apean sobre las columnas del patio: la caja de escalera y un salón se disponen en el flanco a poniente, en tanto que el dormitorio principal y el cuarto de baño se emplazan en el flanco orientado a naciente. El paso de la densa fachada historicista sobre el callejón Niños del Rollo a otra fachada abierta sobre el jardín, que deja la ciudad a nuestros pies, parece haber sido el *leitmotiv* seguido por el arquitecto para dotar de estructura a la casa-estudio.

Pero todo ello acontece como preámbulo de lo que es la meta perseguida: alcanzar el espacio que da razón a la obra, el estudio (fig. 8). En él se culmina el proceso ascensional que caracteriza al proyecto, se llega a la meta: un espacio abierto, dilatado, desde el que se domina la ciudad—pero también la Alhambra—y en el que los huecos abiertos en las fachadas laterales permiten el encuentro con las otras dos orientaciones, naciente y poniente. En el estudio se siente la plenitud del mundo en torno, y hay que pensar que desde tan privilegiada situación el pintor alcanzase aquel estado de

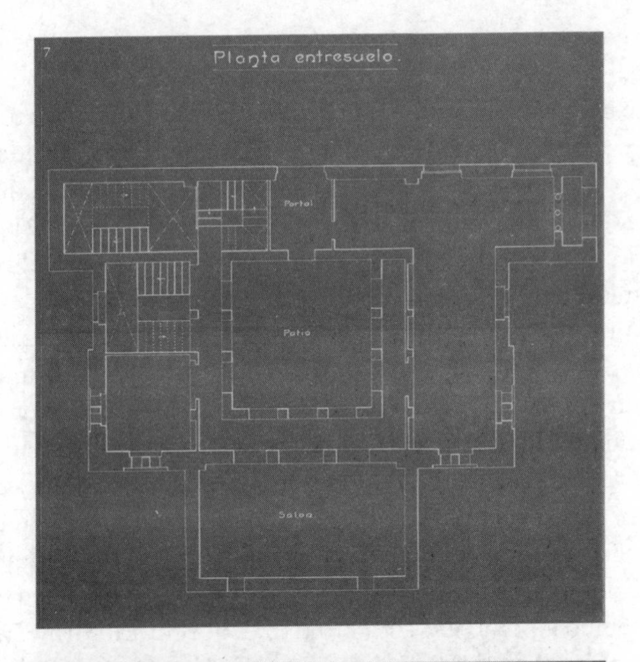
7
Planta entresuelo.
Portal
Patio
Salon

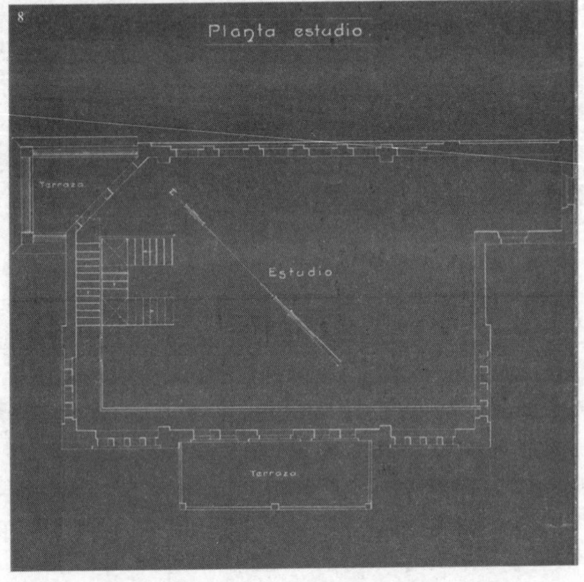
8
Planta estudio.
Terraza
Estudio
Terraza

gracia necesario para enfrentarse a la obra. La regularidad del espacio proyectado—un rectángulo de 10 m × 15,25 m—se rompe con toda una serie de incidentes—terrazas, cajas de escalera, rincones, etcétera—que matizan y singularizan aquel ámbito.

Será, sin embargo, en los alzados y en los anticipos figurativos que encontramos en las secciones (figs. 9 y 10) donde las propuestas ideológicas y estéticas de la casa/estudio de Rodríguez-Acosta se manifiesten con mayor claridad. Los dibujos del arquitecto Santa Cruz dan pie a una interpretación que entiende ya la casa/estudio como un intento de integración de aquellas culturas que han hecho posible Granada. Y así, la fachada a norte sobre el callejón Niños del Rollo celebrará el tardo Renacimiento—el lenguaje de las «águilas del Renacimiento español» de que nos ha hablado Manuel Gómez-Moreno—al incorporar en ella la puerta de Úbeda a la que antes me he referido (fig. 11).[3] Santa Cruz resolvió el problema de la inclusión de la puerta—sin duda siguiendo la propuesta que le hacía su cliente, José María Rodríguez-Acosta—con notable habilidad. La presencia de la puerta de Úbeda se refuerza verticalmente con una ventana enrejada, a la que se acompaña de toda una serie de huecos, simétricos en la planta principal, más libres en las otras. El eje definido por puerta y ventana se remata en los dibujos de Santa Cruz con una *loggia* que, a mi modo de ver, inmediatamente lleva a pensar en la arquitectura que por aquellos años hacía Antonio Flórez,[4] sin que por ello se excluya el que se puedan establecer otro tipo de (influencias) relaciones.[5] Conviene hacer notar que la *loggia* absorbe la asimetría de la fachada, asimetría que se acentuará en toda una serie de cuerpos añadidos para articular fachada y muro de cerramiento. Entre ellos destaca la torre a naciente, con la que Santa Cruz intenta estable-

9
Seccion por C·D Escala 1:50

10
Seccion por A·B
Escala 1:100

cer una cierta continuidad con aquellas Torres Bermejas que el arquitecto celebra dando su nombre al callejón en sus planos (fig. 12).[6] Esta fachada a norte que estamos comentando se presenta como una fachada autónoma y con sentido en sí misma. Sin duda alude a la historia de España que arranca de los Reyes Católicos y de la toma de Granada, pero que olvida pronto al disolverse en otra historia, en la historia de la España musulmana con la que claramente se identifica la fachada posterior, la fachada sur que mira a la ciudad (fig. 13). En ella Santa Cruz no tiene escrúpulo alguno en reconocer y alinearse con los nazaríes o, si se quiere, con lo que él entiende como arquitectura hispanomusulmana: así, la torre más alta queda coronada por una cúpula apuntada, en tanto que las dos que escoltan el volumen que contiene tanto el patio de la planta baja como el «gran salón» se cubren con terrazas. Estos dos espacios se asoman al jardín, el uno desde un generoso pórtico apuntado, el otro desde una columnata. Ahora el arquitecto se mueve con más libertad—y también con más imprecisión—y así encontramos un repertorio de ventanas ojivales, ojos de buey estrellados, ajimeces, columnatas, algún arco de medio punto, una ventana horizontal y corrida en lo alto de la torre, etcétera. Este generoso uso de elementos lingüísticos diversos—nada riguroso en términos historicistas, por cierto—se hace aún más evidente al examinar tanto las fachadas laterales (figs. 14 y 15)—la de poniente y la de naciente—como el elemento diseñado con mayor atención y detalle: la columna del patio. En ella Santa Cruz parece tener presente la arquitectura del Renacimiento, dando pie a una arquitectura no muy lejana a algunos ejemplos de la arquitectura civil granadina del siglo XVI, en la que todavía están presentes elementos procedentes de la cultura morisca. Cabría decir que allí donde el edificio es más público,

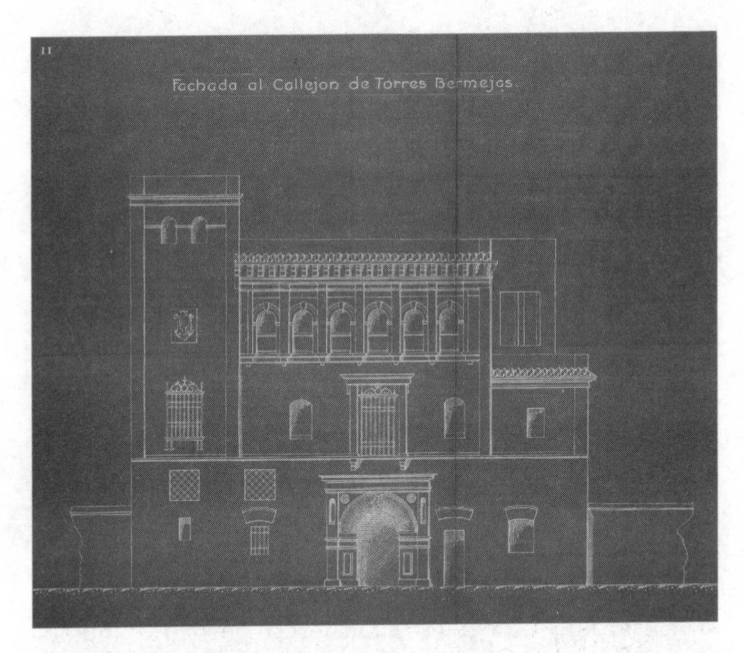
11
Fachada al Callejon de Torres Bermejos.

12

y requiere, por tanto, de mayor dignidad, se utiliza la arquitectura del Renacimiento, en tanto que acude al mundo formal de la arquitectura hispanomusulmana para los ámbitos más privados. De ahí el carácter híbrido y ambivalente de la citada columna.

Tras este examen de los dibujos de Santa Cruz, la cuestión que deberemos plantearnos es ésta: ¿cuál fue el papel que desempeñó el pintor granadino en este primer proyecto de la casa-estudio? En primer lugar hay que admitir, sin que quepa reticencia alguna, que la inclusión de la puerta ubetense era un dato de partida que imponía el cliente. Y no de poca importancia, dicho sea de paso. Me temo que (como decía hace unos instantes) otro tanto cabría decir a propósito del programa: zaguán y paso al jardín en la planta baja; salón, más tarde convertido en biblioteca, en la llamada planta principal; estudio, en la más alta. José María Rodríguez-Acosta insistió con frecuencia en que construía su estudio, no su casa, y de ahí el que no quepa sorprenderse al pensar que el programa estaba bien definido desde el primer momento.

¿Adelantó también Rodríguez-Acosta la idea del patio y del pórtico que extiende la casa hacia el jardín? ¿Fue él quien pidió al arquitecto que la casa que arrancaba en tan estricta simetría con la puerta de entrada ubetense fuera, poco a poco, prescindiendo de la misma, inclinándose hacia una arquitectura que hace de las torres su elemento más característico? Y, por último—y ésta es la pregunta más urgente e inquietante—: ¿fue él, Rodríguez-Acosta, quien sugirió que las dos culturas, la que representa por un lado la puerta de Úbeda y la que, por otro, tan explícitamente encontramos en la fachada sur, debían convivir en la casa-estudio? Aun a riesgo de subestimar la contribución de Santa Cruz, me inclino a pensar, conociendo cómo se desarrollaron más tarde

13
Fachada al Jardin.

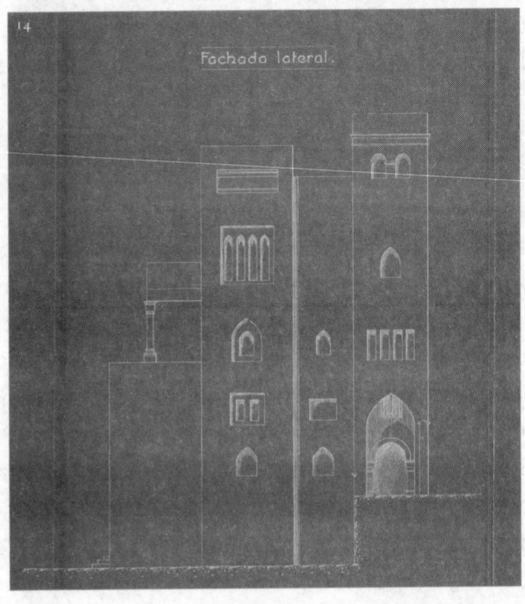
14
Fachada lateral.

los acontecimientos, que hay que hacer responsable a Rodríguez-Acosta de tan importantes decisiones.

Volvamos al álbum. Las fotos de la obra recién iniciada ponen de manifiesto, una vez más, lo escarpado de un solar que ha quedado liberado de pitas y chumberas para hacer posible el comienzo de las obras de replanteo (fig. 16). Los constructores han comenzado a colonizar el solar levantando puntales, finos puntales que, sin duda, ayudaban a establecer niveles y alineaciones. Las fotografías nos hacen ver la modestia de los medios de que se disponía: algunas de las imágenes impresionan, al intuir cómo los livianos puntales imponen una cuadrícula sobre aquel mundo de terrazas y bancales (figs. 17 y 18). Pronto vemos aparecer potentes muros. El espesor de los mismos y el uso que para su formación se hace del ladrillo y de la mampostería nos hace pensar en la arquitectura romana. A refrendar tales impresiones contribuyen las bóvedas cilíndricas de ladrillo que vemos aparecer en algunas fotos y, sobre todo, el ver cómo, desde los cimientos, se configura la que será más tarde cúpula sobre la que se levante la terraza. Una de las fotografías nos muestra el trasdós de la misma, en el que aparece un diminuto óculo que nos hace entender las cúpulas como formas no ajenas a los intereses de los alfareros (fig. 19). Las fotos documentan, pues, la progresiva transformación del solar mediante una serie de costosas terrazas, en cuyo interior se produce toda una complicada geografía de bóvedas y pasadizos, que alcanza su mayor esplendor en la cúpula previamente mencionada. Cabe decir que la construcción de las terrazas era condición *sine qua non* de uno de los episodios de mayor relieve en el carmen, su jardinería, y que, dadas las condiciones del solar, habría que considerar el proyecto de la jardinería como una operación previa al de la arquitectura.

15
Fachada lateral

16

Y aquí surgen, de nuevo, las preguntas. Pues, dado que, en efecto, los dibujos de Ricardo Santa Cruz no muestran rastro alguno de la jardinería, forzoso es preguntarse a quién cabe atribuir tan importante episodio del carmen. Que José María Rodríguez-Acosta concedía singular importancia a la jardinería es algo que no puede ponerse en duda, dada la importantísima tarea que acomete al aterrazar la ladera. Que esta jardinería no iba ser fruto del azar, o de las circunstancias del suelo, sino que iba a estar más bien dictada por una clara idea de aquello que se pretendía, es evidente. Una imagen como la de la figura 20, muestra que el corredor que materializa el importantísimo eje naciente/poniente, estaba ya consolidado, construido, con anterioridad a la edificación de la casa-estudio. Y así vemos en ella, bien definidos, los niveles correspondientes tanto a la terraza reina del carmen—la que se produce a la salida del atrio-zaguán, construida sobre la cúpula—como a la que da lugar el ámbito del llamado jardín de Apolo. El arco que da paso del atrio-zaguán a la terraza no estaba todavía en pie, lo que prueba esta primacía dada en la construcción del carmen a los jardines: de ahí que cupiese admitir que los cambios que se produjeron en el proyecto fueron inspirados por el sesgo que iba adquiriendo la jardinería (fig. 21).

Pero toda esta disquisición no puede hacerse sin preguntarnos de quién se sirvió José María Rodríguez-Acosta para llevar a cabo tan laboriosa construcción, ya que ésta exigía una solvencia técnica que iba más allá de la intuición y los deseos del simple *amateur*. La respuesta no es inmediata, dada la falta de documentación precisa. Pero si aceptamos la tradición oral, habría que hacer responsable de dicha ayuda al arquitecto Modesto Cendoya, conservador de la Alhambra entre los años 1907 y 1923, un arquitecto interesado en la arquitectura militar, para quien, sin duda, el

17

18

19

proyecto de aterrazar un solar no era algo nuevo.[7] Dado que no hay ni dibujos ni documentos que justifiquen la intervención de Santa Cruz en la construcción del jardín, no es difícil imaginar a Modesto Cendoya dando las instrucciones constructivas oportunas para que José María Rodríguez-Acosta fuese capaz de desarrollar el jardín que tanto había soñado.

La habilidad de quienquiera que fuese el que dirigió la construcción de este jardín se manifiesta todavía con mayor claridad cuando se contempla la sabiduría con que se absorben las irregularidades del perímetro, allí donde el jardín se asoma sobre la calle del Aire Alta. Los desniveles se resuelven con precisas escaleras que enlazan distintas plataformas, en las que se disponen tanto elementos arquitectónicos como fuentes o estatuas que dotan de autonomía a las mismas (fig. 22). A pesar de que hay que entender el jardín como un todo, éste es el resultado de hacer convivir episodios muy diversos. El rígido sistema de ejes establecido por la cúpula se pierde ahora en toda una serie de ejes, manejados con extrema libertad, para ajustarse a variantes alineaciones (fig. 23). De ahí la pintoresca vitalidad de un jardín en el que no se advierte la tiranía que impone la perspectiva, a pesar de hacerse en él con frecuencia uso de la misma para producir efectos escenográficos y visuales.

Tarea tan laboriosa bien justifica un plazo de ejecución largo, que, en este caso, se dilata hasta mediados de 1920. Lo cierto es que, al tiempo que la obra de los jardines avanza, se van tomando toda una serie de decisiones de fundamental importancia para lo que será la imagen de la arquitectura del carmen. Considero de gran valor para fundamentar las conjeturas que estoy haciendo la fotografía que muestra en el suelo, presentada, la puerta de Úbeda, en la que se ve ya construido, enmarcando la ciudad y la vega de Granada, el arco que da paso desde el atrio-zaguán a los

20

21

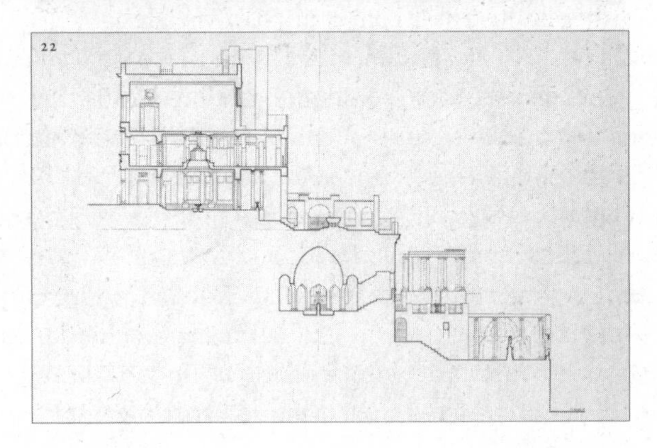
22

jardines (fig. 24). La foto es hermosísima: el limpio arco de ladrillo dibuja el medio círculo sin ayuda ya de la cimbra, pero están en pie los puntales ligerísimos que soportan el andamiaje que ha hecho posible su construcción. Tres albañiles trajeados con dignidad—obsérvese que dos de ellos llevan chalecos y que los tres se cubren la cabeza con sombrero—parecen comentar con un caballero con jipijapa y corbata de pajarita y que lleva un portafolio de piel en la mano cuál vaya a ser el futuro de la construcción. El caballero no es otro que Pablo Loyzaga. La clave del arco y el disco que ocupa la albanega del mismo reciben un sol de tarde que define con nitidez sus formas. Las cartas están ya echadas. El arco de medio punto ha desplazado al arco apuntado que aparecía en los alzados de Santa Cruz (fig. 13). El carmen no insistirá en las formas nazaríes de la Alhambra. La tradición clásica parece haberse impuesto sin dolor tras consolidar la ladera que iba a dar forma a los jardines. El arco que acabamos de mencionar es muestra del cambio de lenguaje que la construcción del jardín ha traído consigo y, en efecto, dicho cambio de lenguaje se manifiesta con claridad extrema en este uso extensivo del arco, patente tanto en las arquerías con las que se deslinda la propiedad del carmen (fig. 25), como en los monumentales arcos que aparecen en el ámbito del llamado teatro. La fuerza figurativa del arco como elemento con vida propia se nos manifiesta en aquel que se abre en el espeso muro que define a norte el jardín de Apolo. Dicho arco, que se convierte en fondo perspectivo transversal del citado jardín, da pie a que aparezca otro, a modo de nicho excavado, en el que en su día José María Rodríguez-Acosta emplazó una estatua del Discóbolo y en el que hoy encontramos una singular pieza cerámica (fig. 26).[8] El paso de los elementos inspirados en la arquitectura hispanomusulmana a aquellos a los que

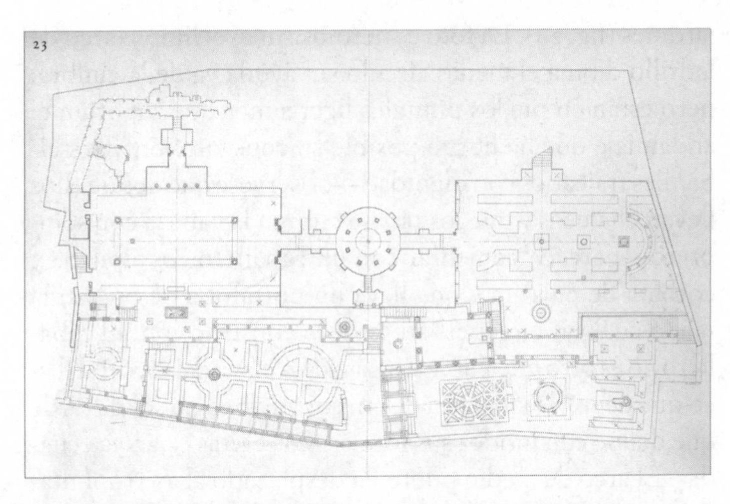

cabría calificar como grecorromanos se nos muestra en el templete, que alude sin duda a imágenes presentes en la viva memoria del viajero impenitente que fue José María Rodríguez-Acosta. El templete se alza sobre un poderoso pódium situado con libertad e independencia en el flanco sur del carmen, haciendo que en torno a él se polarice un fragmento importante del jardín (fig. 27).

LA CONTRIBUCIÓN DE TEODORO DE ANASAGASTI

Pero sigamos el hilo de este complejo y delicado proceso de construcción del carmen. Por razones que desconocemos, José María Rodríguez-Acosta prescindió de los servicios de Ricardo Santa Cruz. Cabe sospechar que el pintor temía que Santa Cruz no iba a ser capaz de resolver todos los problemas que planteaba aquella construcción, dadas las dificultades con que se habían encontrado en la cimentación. Puede que, habiendo cambiado la orientación estética del cliente, éste pensase que era también preciso un nuevo arquitecto. Cualesquiera que fuesen los motivos, el caso es que José María Rodríguez-Acosta encomendó un nuevo proyecto y la dirección de los trabajos al arquitecto vasco afincado en Madrid Teodoro de Anasagasti. Rodríguez-Acosta pudo haberle conocido con ocasión de la concesión de una medalla en la Exposición de Bellas Artes de 1910, muestra en la que también participó Rodríguez-Acosta, o quizá más tarde, en alguna de aquellas tertulias de los cafés madrileños tan frecuentadas por los intelectuales de entonces. Al elegir a Anasagasti como arquitecto, José María Rodríguez-Acosta se muestra, una vez más, hijo de su tiempo. Dado que los primeros dibujos de Ana-

26

27

28

sagasti—de los que pasaremos a ocuparnos ahora—llevan fecha de febrero de 1921, hay que suponer que la ruptura con Santa Cruz y la asignación a Anasagasti del encargo se produjesen a mediados de 1920, momento en el que Anasagasti se encontraba en el ápice de su carrera profesional. Nacido en Bermeo en 1880—dos años más tarde, por tanto, que Rodríguez-Acosta—, había cursado sus estudios en la Escuela Superior de Arquitectura de Madrid, y consiguió el título de arquitecto en 1906. Tras un breve período como arquitecto municipal de su pueblo, Bermeo, Anasagasti consiguió una beca en la Academia de España en Roma en 1910. Su estancia en la Ciudad Eterna se vio complementada por continuos viajes a los países centroeuropeos, sintiéndose atraído, sobre todo, por la arquitectura que se hacía en Viena. Cuando Teodoro de Anasagasti volvió a Madrid, en 1917, su presencia profesional en la capital de España pronto se hizo notar en el edificio para el Real Cinema (1920; fig. 28) al que siguieron otras obras de mayor importancia como el edificio Madrid-París (1920-1922) en la Gran Vía, el Teatro Monumental (1922-1923) y el Cine Pavón (1923; fig. 29).

Sin poder precisar, tal y como ya hemos dicho, la fecha exacta en que Rodríguez-Acosta establece contacto con Anasagasti, lo que sí sabemos es que éste entrega una primera serie de dibujos el 10 de febrero de 1921. Estos dibujos—que llevan los números 1 y 2—documentan el estado en que se encuentran las obras en la citada fecha y coinciden con lo que las fotografías que hemos comentado nos mostraban (figs. 30 y 31). Cabe decir que, en líneas generales, se habían respetado los planos de Ricardo Santa Cruz, habiéndose levantado los muros paralelos a la fachada principal sobre el callejón Niños del Rollo, correspondientes a las tres crujías que en su momento describimos. No se había

29

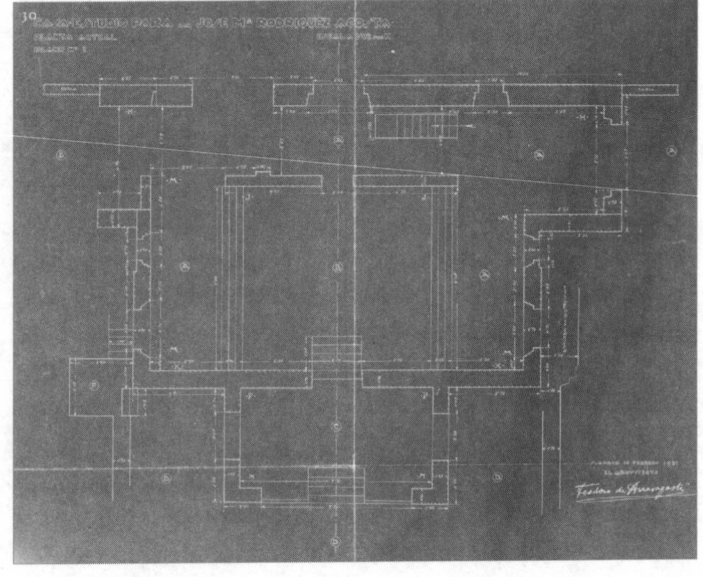

30

llegado a construir el forjado de la entreplanta proyectada, pero sí algunos de los muros transversales: el dibujo esquemático que acompaña a estas líneas ayudará a entender mejor cuál era el estado de las obras del carmen cuando Anasagasti se hizo cargo de las mismas (fig. 32). Las discrepancias que cabe hacer notar entre los dibujos de Santa Cruz y el «estado actual» que documenta Anasagasti no son muchas. Tal vez la introducción de peldaños para materializar las dos crujías que acompañan al patio sea la más notable. Como ya dijimos, el arco de salida al jardín, tan característico para definir la imagen del carmen que conocemos, se había construido de modo diverso a como proponía el arquitecto Santa Cruz. Tiene interés el señalar que este cambio formal va acompañado de un cambio importante de dimensiones, ya que los 4,25 m de luz del arco apuntado se convierten en 6 m en el arco de medio punto. Aunque en los dibujos de Anasagasti no se especifica la situación en que se encontraba la fachada sobre el callejón Niños del Rollo, hay que dar por sentado que, ya desde el primer momento, quedó en ella incorporada la hermosa puerta de Úbeda.

Una segunda tanda de dibujos lleva fecha de 30 de abril de 1921. En los planos 3, 4 y 9 se establece cómo debe llevarse a cabo la construcción de las torres, en tanto que en los planos 5, 6, 7 y 8 se precisa cómo serán las plantas. Los planos 10 y 11 definen las secciones transversales y longitudinales. En los planos 12, 13, 14 y 15 toman forma los diferentes alzados y en el dibujo 16 se da respuesta a diversos problemas constructivos de albañilería. El plano número 17, en el que se adelantan soluciones constructivas en madera, lleva fecha de 30 de mayo de 1921 y posiblemente de esta fecha sean también los planos 18 y 19, que no conocemos. Por último, con fecha 30 de octubre de 1921, se entregan nuevas versiones de los alzados en planos que llevan los nú-

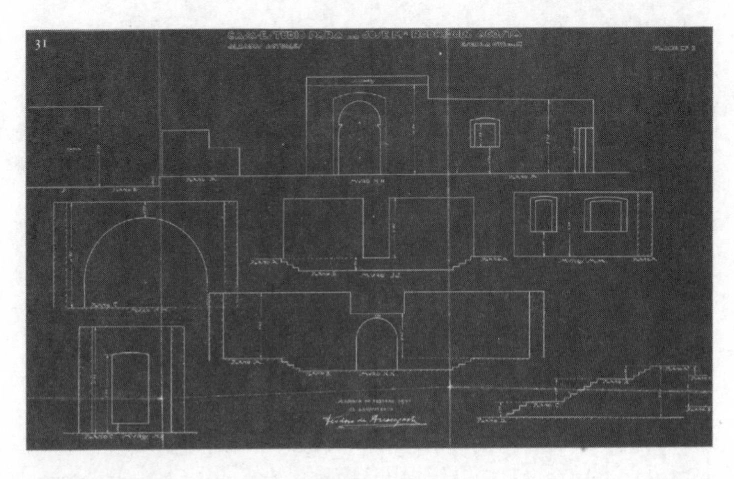

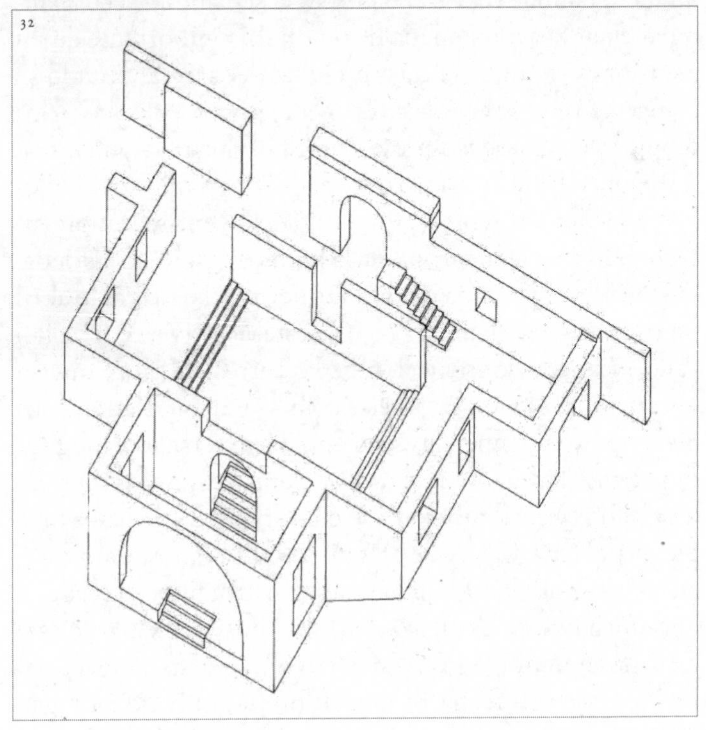

meros 21, 22 y 23. El examen de estos dibujos nos ayudará a precisar cuál fue la intervención de Anasagasti en la construcción del carmen y esto es lo que trataremos de hacer en los párrafos siguientes.

A mi entender, los cambios más notables son los que siguen:

1. En la propuesta de Anasagasti la planta de acceso, si bien mantiene en líneas generales la estrategia de Santa Cruz, está más estructurada. El patio cobra una mayor relevancia al incorporar a distinto nivel—y esto tiene fundamental importancia—las dos alas que lo acompañan . El integrar estas dos alas en un espacio que se entiende como un todo otorga al mismo un singular interés: se mantiene la relevante secuencia que lleva al jardín, pero se crea —con ayuda de los citados peldaños y de las columnas— una atractiva ambigüedad acerca de cuál sea el camino que tomará el visitante, a quien se plantea la opción de subir a las habitaciones altas, privadas, o de acceder al jardín, tentación ésta bien explicable dado que pronto se adivina la espléndida visión que desde allí se tiene de la ciudad. Anasagasti es también más explícito en la definición de la escalera que da paso al pórtico cubierto: al duplicar los tramos propicia una visión frontal del paisaje de fondo, que se dibuja tomando como referencia el arco (fig. 33).
2. Se olvida la entreplanta, propuesta en el proyecto de Santa Cruz. En el proyecto de Anasagasti se funden la entreplanta del proyecto anterior y la que éste destinaba a planta de dormitorios y gran salón. Anasagasti mantiene el gran hueco abierto sobre el patio, que en sus dibujos aparece como un cuadrado ochavado de 5 × 5 m (fig. 34). Pero ahora este hueco se utiliza como elemento estruc-

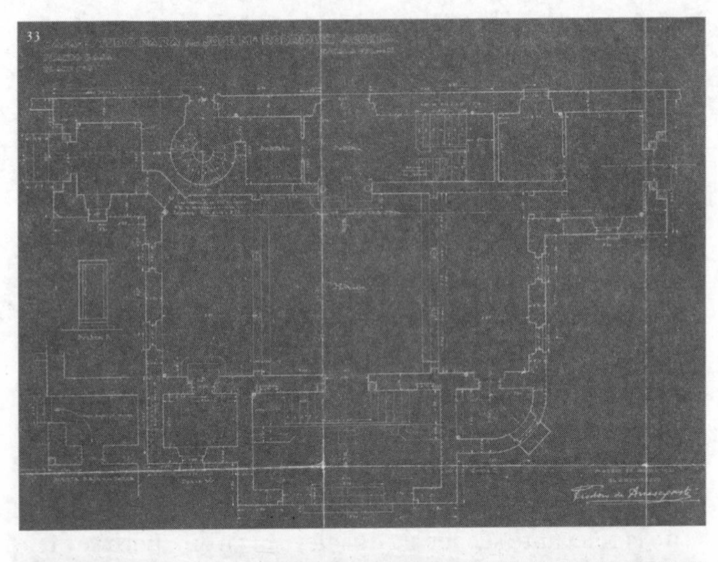

33

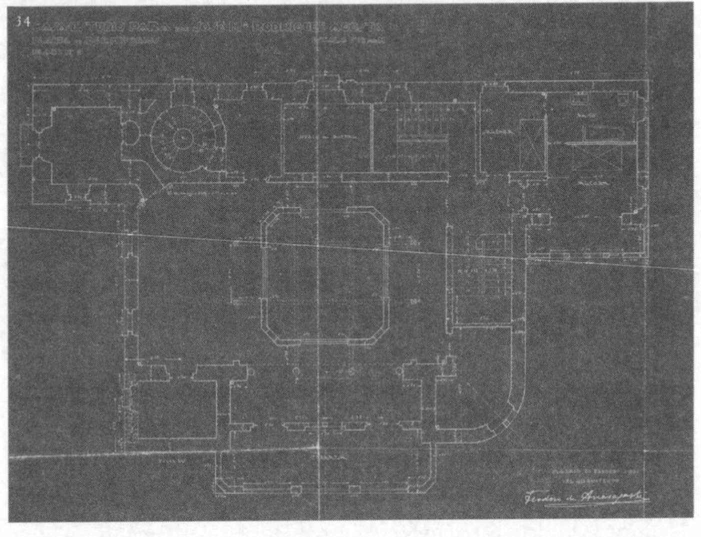

34

tural, que permite disponer los espacios con carácter diverso y propio. Así, a poniente, y escoltado por las dos nuevas torres, se dispone el salón; a sur se establece una galería que da paso a la terraza que se produce al cubrir el pórtico del que hablábamos cuando nos referíamos al arco de medio punto; a naciente queda un corredor que da paso a la escalera que nos llevaría a la planta alta en la que se encuentra el estudio y desde ella se accede a dos alcobas; y, por último, a norte queda la crujía paralela a la fachada sobre el callejón Niños del Rollo en la que se emplazan las escaleras.

3. Como resultado de esta nueva estructura del espacio central y de la supresión de la entreplanta, se producen algunos cambios volumétricos importantes. Se pierde el rastro de la organización «telescópica» de las crujías—de la que habíamos hablado al ocuparnos del proyecto de Santa Cruz—y, en su lugar, aparece una arquitectura más pendiente de arropar el centro, que es a quien se confía la estructura formal del carmen. Esta pérdida de la «organización telescópica» se traduce en una ambigua definición del perímetro, que en la esquina sureste ofrece como alternativa a las torretas de Santa Cruz una incierta solución redondeada (fig. 35).
4. Anasagasti altera por completo el sistema de comunicaciones verticales planteado por Santa Cruz. Mantiene la escalera de servicio situada en la fachada sobre el callejón (callejón Niños del Rollo), pero cambia su trazado, convirtiéndola en espiral. Prescinde de la escalera que Santa Cruz situaba en el flanco de poniente, al incluirla en la crujía de fachada. Esta escalera no tiene continuidad—sí que la tenía en el proyecto de Santa Cruz—y queda interrumpida en esta planta intermedia, desde donde se toma la escalera que lleva al estudio. La esca-

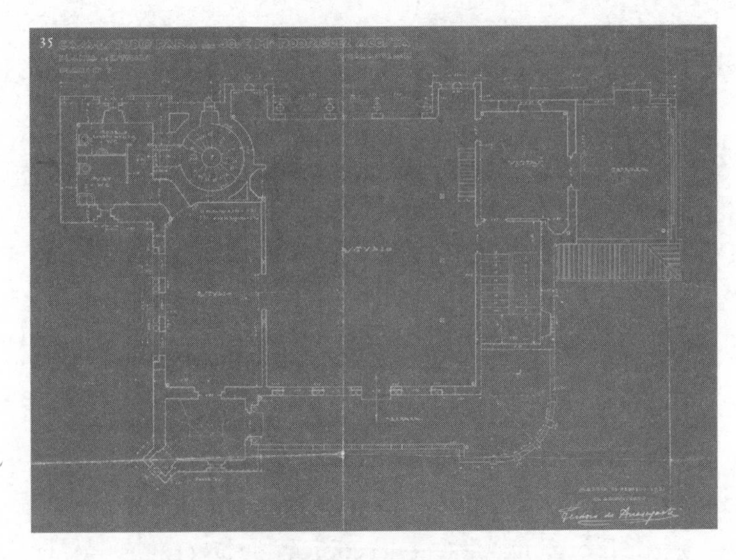

lera queda, por tanto, dispuesta a naciente, liberándose así el poniente, al que Anasagasti parece dar preferencia. En efecto, a poniente quedan localizadas las torres y, con ellas, el área de uso público en la planta noble y el estudio privado en la más alta.

5. Se abandona toda directa alusión a la arquitectura arabizante que Santa Cruz proponía. Anasagasti hace suya la desaparición del arco apuntado, apeado en columnas de poca altura, prescindiendo también de las torretas que lo escoltaban. Como alternativa, propone una volumetría más pintoresca, desplazando las torres a poniente y dando más altura a la que se levanta, extendiendo la crujía de la fachada sobre el callejón Niños del Rollo. La segunda torre, también situada en la fachada poniente, hay que entenderla como mirador o atalaya que da respiro al estudio.

El impacto que iban a tener en la imagen del carmen los cambios mencionados se hará patente en los dibujos de los alzados y las secciones que, como dijimos, llegan más tarde, dado que llevan fecha de 30 de abril. Anasagasti, deliberadamente, olvida todas aquellas referencias al pasado musulmán de Granada que caracterizaban la propuesta de Santa Cruz.[9] La pregunta obligada es: ¿fue el recién incorporado arquitecto quien sugirió al cliente que insistir en los moldes arabizantes no tenía sentido cuando se construía a la sombra de uno de los más grandes monumentos de aquella cultura, a la sombra de la Alhambra? O ¿acaso había sido José María Rodríguez-Acosta quien sugirió a Santa Cruz abandonar toda réplica literal, como bien nos muestra el hecho de que el arco apuntado que daba paso al jardín se hubiese transformado en uno de medio punto? El dibujo que Anasagasti incluye en su libro *Enseñanza de la arquitectura. Cultura moderna técnico-artística*—dibujo

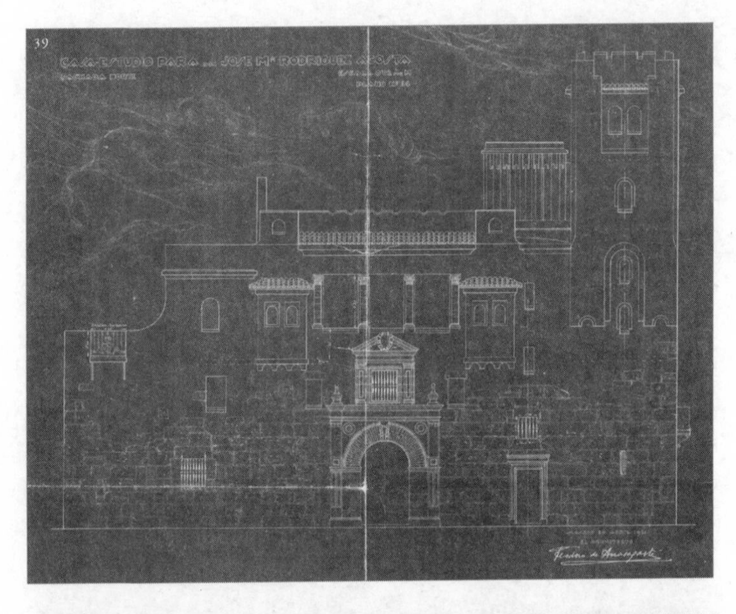
39
CASA-ESTUDIO PARA
JOSE Mª RODRIGUEZ ACOSTA

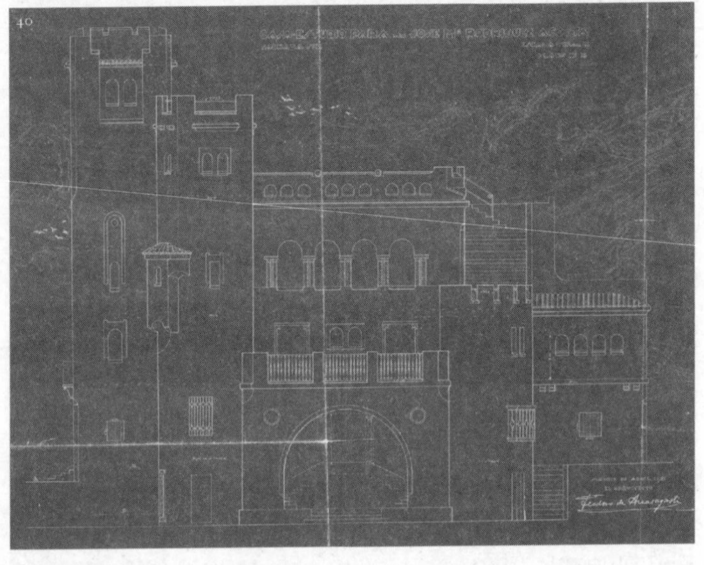
40

que, en mi opinión, debe entenderse como un apunte del llamado «estado actual» de la obra que con tanta fidelidad vimos transcrito en los planos (figs. 30 y 31)—muestra que el arco de medio punto estaba ya en pie cuando él llega a Granada, y otro tanto cabría decir del jardín y de las tapias con las que se deslinda la finca (fig. 36).

Pero ¿qué razones había para embarcarse en tal cambio? Las respuestas entran otra vez de lleno en el terreno de la conjetura. La afinidad lingüística con la cultura hispano-musulmana de la propuesta de Santa Cruz implicaba una respuesta ingenua al problema que suponía construir en una ciudad como Granada y en un lugar tan próximo a la Alhambra. Lo que podía conseguirse con una aproximación literal estaba patente en el vecino Hotel Alhambra Palace (fig. 37). Sin duda, José María Rodríguez-Acosta buscaba otra cosa. La construcción del jardín había traído como consecuencia el desplazamiento de sus intereses. Ahora se sentía atraído por la arquitectura clásica, por la arquitectura grecorromana (fig. 38). ¿Se trataba simplemente de reconocer que tras las formas de la arquitectura hispano-musulmana están las huellas de Roma y, por ende, el mundo clásico que nos legaron los griegos? O ¿se debía este cambio de rumbo a un nuevo modo de entender dónde radicaba la belleza?

Un examen conjunto de los alzados presentados por Anasagasti en abril de 1921 y de los de Santa Cruz ayudará a entender cuál fue su contribución al carmen. Comencemos por el alzado del callejón Niños del Rollo. En términos generales, el carácter de la propuesta de Santa Cruz se mantiene. Hay, es cierto, algunos cambios sustanciales (figs. 11 y 39). La torre más alta queda ahora emplazada a poniente y se hace más esbelta, al tiempo que cambia radicalmente su molduración. Pero el cuerpo central—puerta de acce-

41

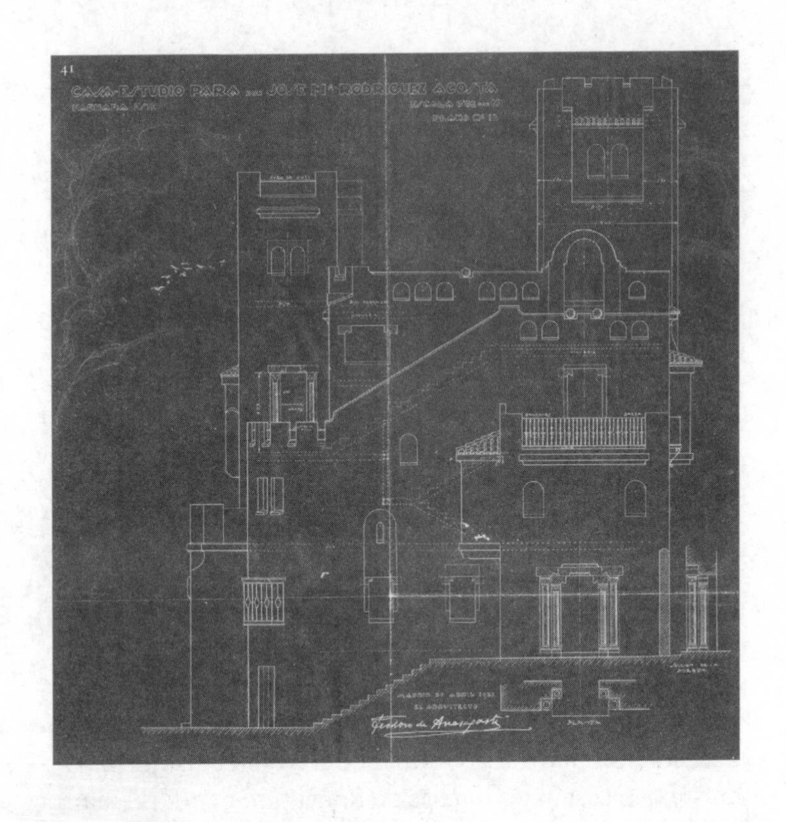

so, ventana, *loggia*—permanece próximo al de Santa Cruz. Cabe decir que el alzado de Anasagasti—estudiado a escala 1/50—está más elaborado. Basta observar el cuidado que Anasagasti pone en que el paso de la puerta a la ventana se produzca en continuidad, o el balcón volado sobre la terraza emplazada a naciente, para confirmar lo dicho. Dos son los cambios sustanciales que convendría mencionar. Por un lado, la *loggia* pierde por completo las resonancias mudéjares que tenía en el proyecto de Santa Cruz, pasando a ser un pórtico tetrástilo de sabor más clásico. Por otro, escoltando la mencionada *loggia*, aparecen unos saledizos de difícil clasificación estilística y a los que tal vez cupiese asociar con elementos procedentes de la arquitectura popular. Por último, hay que hacer constar la importancia que Anasagasti da a la rejería utilizada en balcones y ventanas, rejería que inmediatamente nos hace pensar en los ejemplos renacentistas y platerescos, en los que, sin duda, se inspira. Anasagasti insiste así en lo que ya se adelantaba en la propuesta de Santa Cruz: una arquitectura híbrida y diversa, eminentemente pintoresca, capaz de incluir elementos procedentes del pasado sin que éstos se muestren anómalos.

Pasemos a examinar los otros alzados. Y así, si comenzamos por la fachada sur, hay que reconocer que de la propuesta de Santa Cruz tan sólo queda lo que de programático tienen el pórtico de salida al jardín y la terraza que sobre el mismo se propone (figs. 13 y 40). El paso del arco apuntado al arco de medio punto transforma la fachada por completo. En efecto, dada la condición pintoresca que esta arquitectura tiene, puede afirmarse que la piedra angular de esta fachada sur se establece al construir el pórtico: el rotundo semicírculo, ayuno de molduras, contribuye a dibujar la compleja masa de volúmenes del carmen. Sobre el pórtico se sitúa una terraza que tiene el valor de un espa-

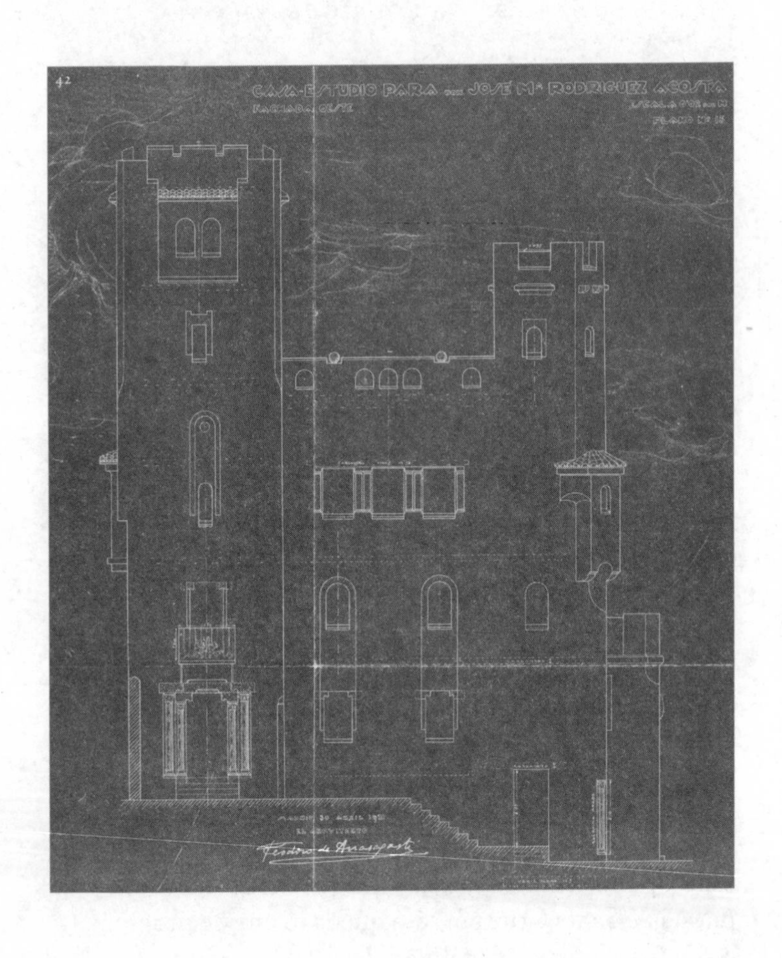

42

cio autónomo al aire libre—y así lo entenderá quien se entretenga en examinar la planta—y en el nivel más alto—el nivel en el que queda emplazado el estudio—aparece una arquería apeada sobre columnas de corto fuste. Conviene señalar la rareza de la secuencia vertical de huecos que cabe entender como 1/2/4, si bien en el nivel de la terraza el 2 puede verse como un 3, tanto si se consideran los vanos de división del parapeto de la terraza, como si nuestra vista se centra en la ventana bífora que se emplaza entre los dos huecos que dan paso a dicha terraza. El hecho es que la mencionada secuencia lleva a que en el nivel más alto—el del estudio—quede emplazada sobre el eje de simetría de la fachada una columna, produciéndose un fenómeno de inequívoca heterodoxia académica: coincidencia de eje y columna.

La fachada a naciente refleja los cambios que Anasagasti había introducido en la planta, y de ahí que haya que entenderla como fachada lateral susceptible, por tanto, de admitir y de recibir de buen grado cierta asimetría (figs. 14 y 41). En efecto, en ella el elemento más destacado es la oblicua que introduce la escalera exterior que conduce de la planta del estudio a la terraza alta. La línea oblicua se utiliza, por otro lado, para neutralizar, vía una cierta continuidad, la anomalía a que daba lugar la esquina redondeada ya mencionada. La incorporación de un eje que se hace coincidir con el de la crujía paralela al callejón introduce un cierto orden en la fachada. Este alzado a naciente nos permite observar la mucha atención que Anasagasti prestaba al perfil del edificio: los antepechos de las terrazas quedan perforados por una menuda arquería que parece querer aproximar el carmen a las tapias que lo contienen; y de cuando en cuando los sistemas de crujías que estructuran el edificio se hacen patentes rematando el cajeado antepecho con bo-

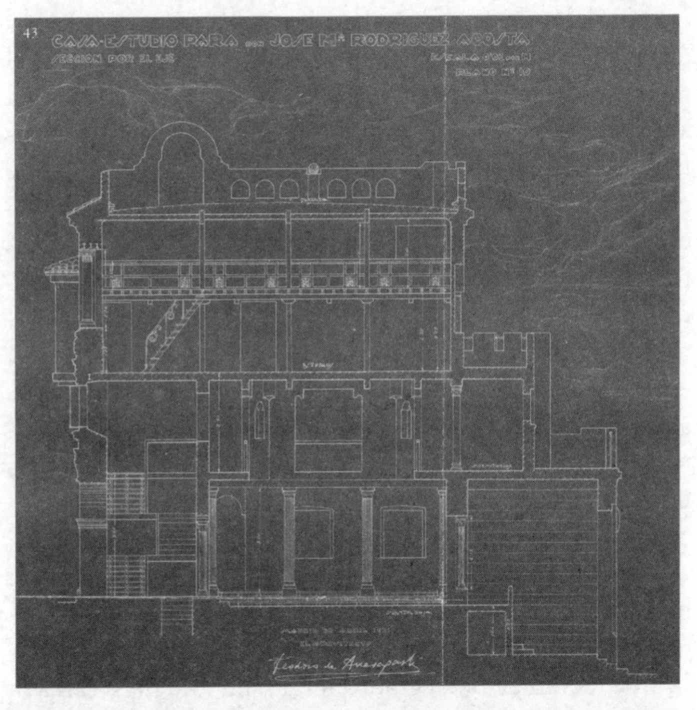
43
CASA-ESTUDIO PARA
JOSE Mª RODRIGUEZ-ACOSTA
SECCION POR EL EJE

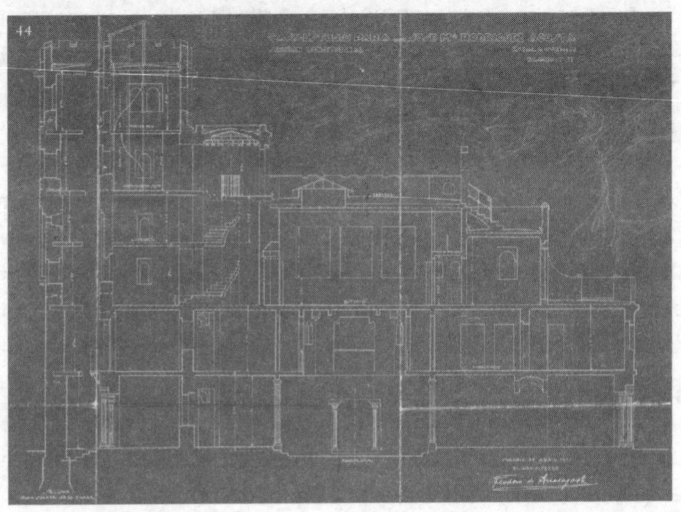
44

las que se apoyan sobre el calado muro sin otra transición que un pequeño recorte en él.

La fachada a poniente es más clara (figs. 17 y 42). En ella prevalece el esbelto volumen de la torre. En el flanco norte de la misma se alinean verticalmente los huecos que van cambiando de carácter y estilo: de una puerta con columnas apareadas y enlazadas con un balcón plateresco-renacentista se pasa a un extraño hueco alargado que se entiende proporciona luz a los aseos, para terminar en un par de huecos hermanados en la planta bajo la azotea. El resto de la fachada es menos decidido y se confía a un matacán saledizo en la esquina de la torre, produciéndose un desequilibrio que confiere a dicha fachada una cierta tensión. El arquitecto parece tentado por un cierto anhelo de regularidad, confiando el carácter de esta fachada al diálogo entre las dos torres, aderezando los paramentos con huecos que, en último término, buscan el orden al alinearse verticalmente.

Por otra parte, las dos secciones nos ayudan a imaginar cuál hubiera sido la atmósfera arquitectónica del proyecto de Anasagasti de haberse éste llevado a cabo (figs. 43 y 44). Los interiores se presentan con un cierto sabor historizante, dada la importancia que en los mismos tienen columnas y zapatas, rejas y entrevigados. La estructura de hormigón, que con claridad se manifiesta en los planos, trata de recordar las construcciones en madera y los huecos—salvo los más generosos emplazados a norte en el estudio—siempre aparecen enmarcados. Digamos, por último, que el plano n.º 11 nos ayuda a entender la escalera helicoidal que sirve a la torre, elemento de singular importancia en la propuesta de Anasagasti y que desaparecerá más tarde (fig. 34).

Con fecha 30 de mayo de 1921 Anasagasti envía un nuevo plano en el que se adelanta cómo será el altillo del estu-

45

46

47

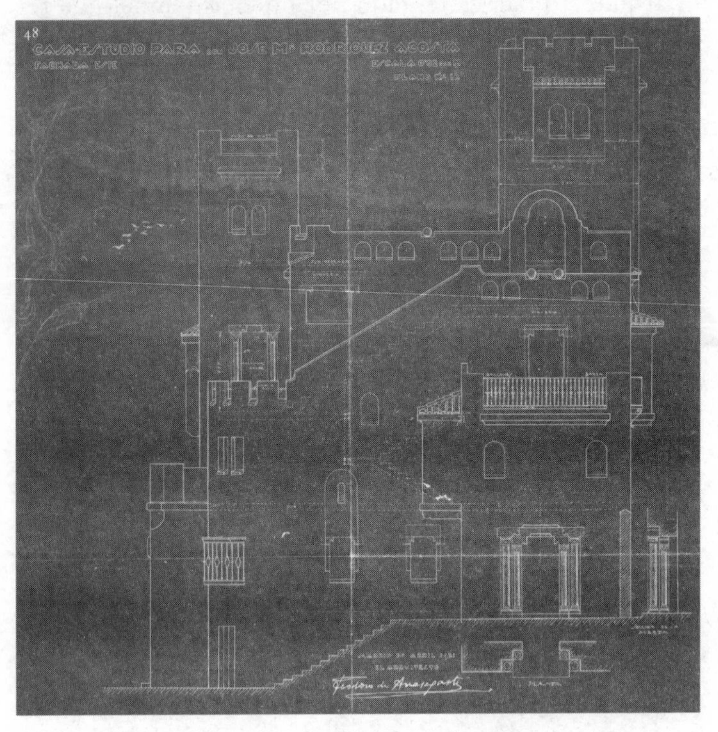

48

dio. Nos interesan de modo especial estos dibujos, ya que en ellos se confirma la poética que preconizaba Anasagasti: una arquitectura inspirada en modelos populares del norte de España, «castizos», si bien atenta a las necesidades que reclaman tanto las nuevas técnicas como los programas. Curiosamente, la arquitectura del carmen, que en algunos momentos ha llevado a los críticos a relacionarla con la arquitectura de la Secesión vienesa, se «españoliza» cuando llega a las entrañas del edificio. Diríase que ahora está próxima a la visión plástica de algunos miembros de la Generación del 98. También el pintor Rodríguez-Acosta lo había estado, y un cuadro como *Con el santo y la limosna* nos hace recordar los de Zuloaga, el pintor por antonomasia de aquella generación (fig. 45). Pero el pintor Rodríguez-Acosta se movía ya en aquellos momentos por otros derroteros, lo que seguramente contribuiría a explicar por qué prescindió tan pronto de los servicios del arquitecto.

Pero no adelantemos acontecimientos y sigamos con el examen del proyecto. Los dibujos del 30 de mayo de 1921 nos hacen ver, por tanto, la arquitectura de Anasagasti, al menos en este período de su carrera, atenta e interesada en expresar las raíces históricas de una cultura ignorada o mal interpretada en Europa. Sabemos del interés de Anasagasti por la arquitectura popular (figs. 46 y 47) y de cómo para él la auténtica racionalidad se encontraba en ella, de ahí que sospechemos que algunos de los detalles que incluye en los alzados del carmen procedan de uno de aquellos cuadernos de apuntes con que documentaba las arquitecturas con las que se encontraba al viajar por tierras de España con sus alumnos.[10] La arquitectura del carmen, como una arquitectura moderna (quiero decir no académica), pero también «castiza», al modo en que otro vasco, Miguel de Unamuno, entendía el término. En otras palabras, una arquitec-

NUEVA FACHADA NORTE
PLANO Nº 20
49

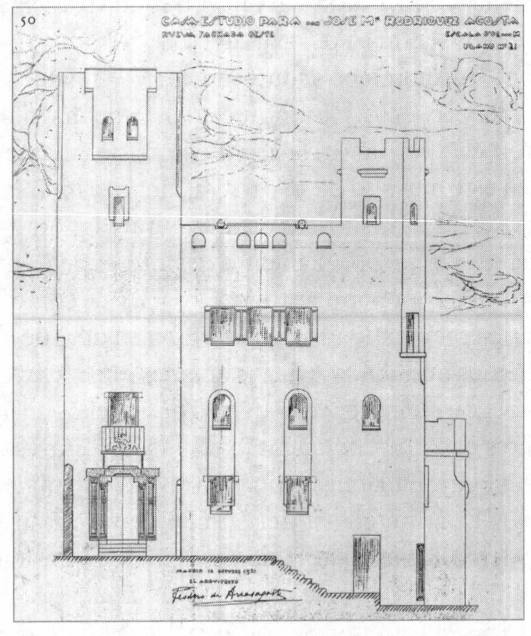
CASA ESTUDIO PARA D. JOSÉ Mª RODRIGUEZ ACOSTA
NUEVA FACHADA OESTE
PLANO Nº 21
50

tura que, pese a incorporar las novedades técnicas, prefiere más ser española que europea. El cambio hacia moldes y fórmulas más cosmopolitas—no ajenas al universalismo *déco*—vendrá, por tanto, más tarde y, a mi entender, de la mano del cliente, y no de la de su arquitecto.

El 18 de octubre de 1921 Anasagasti ofrece una nueva versión de los alzados. Sin duda éstos se producen tras los comentarios del cliente. En líneas generales puede decirse que están próximos a los que ya examinamos con fecha 30 de abril: no hay cambios sustanciales. Sin embargo, forzoso es decir que se advierte en todos ellos la voluntad de eliminar y simplificar los excesos pintorescos de los que ya hablamos. Y así, en la fachada del callejón Niños del Rollo advertimos que se reduce el número de huecos de los saledizos-matacanes (fig. 49); en la fachada sur que lleva al jardín se interviene más, se elimina el matacán de la torre a sur poniente y se limpia el ala a naciente (fig. 51); en el flanco a naciente se alivian los remates de las azoteas, se prescinde del arco que antes mencionamos (fig. 48); y en la fachada a poniente el cambio más notable es el que se lleva a cabo en la torre, que se aligera al perder huecos y molduras (fig. 50). Todavía aparece en estos alzados algún tejadillo a modo de guardapolvos pero, en general, cabe decir que han desaparecido muchos elementos pintorescos, con lo que el aire que se respira en ellos es algo más fresco, menos enrarecido, al ser éstos un poco menos castizos que aquellos que había recibido José María Rodríguez-Acosta en mayo.

¿Qué cabe colegir de este nuevo envío? Admitiendo que fue el pintor quien sugirió la necesidad de un estudio de los alzados más preciso, ¿cabe admitir que José María Rodríguez-Acosta vislumbraba ya las diferencias que harían difícil, por no decir imposible, un trabajo conjunto con su arquitecto? ¿Había llegado ya el pintor granadino a esta-

CASA-ESTUDIO PARA DON JOSE Mª RODRIGUEZ ACOSTA
NUEVA FACHADA SUR
PLANO Nº 23

51

52

blecer cuál quería que fuese la estética arquitectónica que había de presentar su estudio en tan singular lugar? Diseñar el estudio de un pintor reflexivo e informado como José María Rodríguez-Acosta siempre iba a ser una difícil tarea para un arquitecto, pero levantarlo en tan delicada encrucijada histórica y geográfica como aquella ladera en las estribaciones sur de la Alhambra era una empresa mucho más complicada aún.

Sin duda, el paso de Anasagasti por el proyecto del carmen se hizo sentir, ya que algunas de las propuestas que aparecen en los planos se incorporaron inmediatamente a la obra, y la importancia que hoy tiene la torre a poniente es buena prueba de ello (fig. 52). Pero forzoso es reconocer que, por las razones que fuera, José María Rodríguez-Acosta no se sintió cómodo con Teodoro de Anasagasti. Se aduce con frecuencia como motivo del distanciamiento entre ambos el disgusto del pintor granadino al ver publicado un dibujo del carmen en el citado libro de Teodoro Anasagasti *Enseñanza de arquitectura. Cultura moderna técnico-artística*. La foto del álbum que comentamos coincide por completo con el croquis de Teodoro de Anasagasti (figs. 36 y 53). Dado que el libro se publicó en 1923 y que, por tanto, Teodoro de Anasagasti llevaba trabajando en la obra a lo sumo dos años, se entiende el malestar de José María Rodríguez-Acosta al sospechar que todo lo hecho hasta entonces podría adscribirse a un arquitecto recién llegado. Es pues muy probable que José María Rodríguez-Acosta se sintiera molesto ante el equívoco que, en cuanto a paternidad de la obra, provocaba el croquis del carmen, dado que se utilizaba para ilustrar un libro con claros matices autobiográficos. Admitamos que así fue. Preferiría sin embargo pensar que el supuesto enfado pudiera ser una disculpa para ocultar la que era una razón más profunda: el abierto enfrentamiento

53

54

estético de José María Rodríguez-Acosta con muchas de las propuestas que encerraba el proyecto de Anasagasti. No se explicarían de otro modo los cambios sustanciales que el pintor introdujo en el proyecto tan pronto como Teodoro de Anasagasti lo abandonó el año 1923.

NUEVO SESGO EN LA ARQUITECTURA DEL CARMEN

La marcha de Teodoro de Anasagasti supuso la llegada de un nuevo arquitecto a la obra, el granadino José Felipe Jiménez Lacal: volvía así José María Rodríguez-Acosta a hacer uso de los recursos locales, del arquitecto que siempre había trabajado para los suyos. Jiménez Lacal,[11] conservador del Generalife (fig. 54), era un competente arquitecto de sólida formación académica. Cabe suponer que Rodríguez-Acosta se acercó a él confiando en que su amistad le permitiría utilizar sus servicios profesionales sin que se sintiese ofendido cuando él tomase la iniciativa en la definición de las directrices arquitectónicas a seguir en la construcción del carmen.

Los dibujos de Jiménez Lacal implican una cierta crítica de los alzados de Teodoro de Anasagasti.[12] Hay que sospechar que tales críticas procedían de José María Rodríguez-Acosta. Si así fue, Rodríguez-Acosta identificó sagazmente los puntos débiles de la propuesta de Anasagasti. Y así vemos cómo la esquina redondeada a naciente desaparece, lo que lleva a incorporar una nueva torre que, si bien no introduce la total simetría, refuerza la consistencia del cuerpo central de la construcción. Los dibujos de Jiménez Lacal muestran también la inquietud que los proyectistas—naturalmente incluyo a José María Rodríguez-Acosta entre

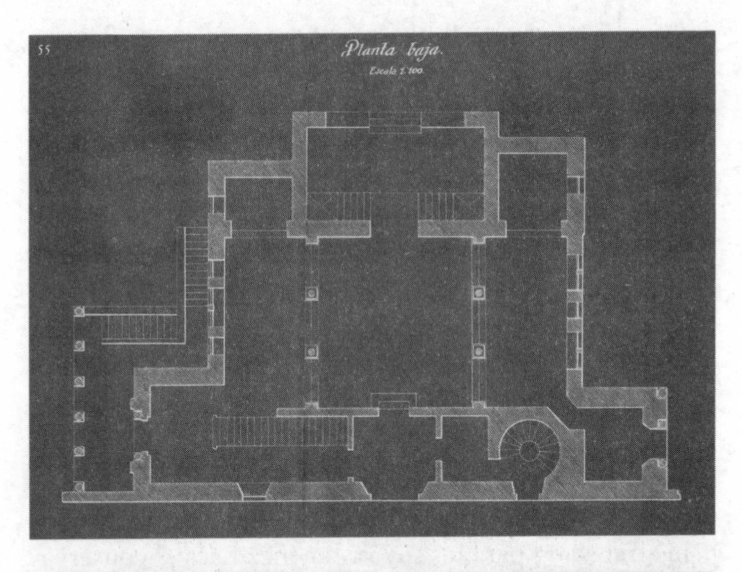
55
Planta baja.
Escala 1:100

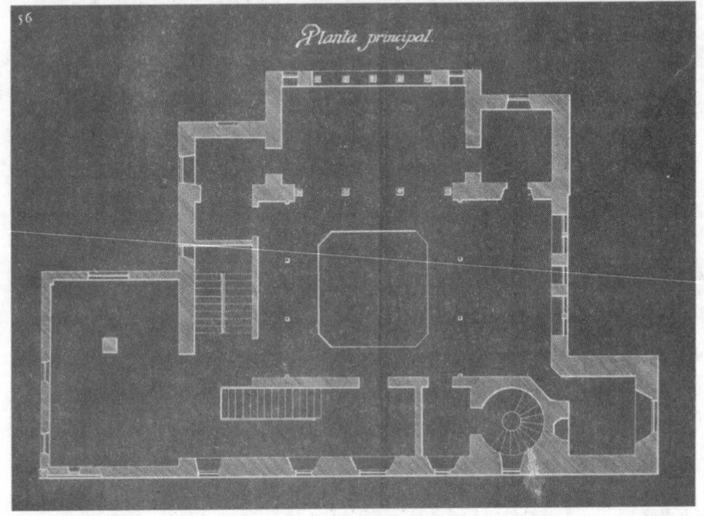
56
Planta principal.

ellos—tenían acerca de cómo solucionar las escaleras: la que proponía Anasagasti y que llevaba de la planta baja a la principal cobra en los dibujos de Jiménez Lacal más importancia y se resuelve con un solo tiro centrado en el cuerpo a naciente, que de este modo adquiere mayor relieve y se mantiene también a naciente la escalera que lleva al estudio, produciéndose así el acceso al mismo con mayor holgura, para desde él acceder con escaleras predominantemente rectas a las azoteas. En cuanto a la disposición de los espacios, respeta en términos generales la establecida, y así el hueco que relaciona la planta baja y la principal conserva tanto las dimensiones que le dio Santa Cruz como la figura que definió Anasagasti, mientras que el estudio insiste en la condición longitudinal norte-sur que sugería en sus dibujos este último. Tal vez sea de interés hacer notar que el altillo del estudio—elemento programático siempre presente—se localiza en esta serie de dibujos a naciente (figs. 55, 56 y 57).

Los nuevos alzados—algo que también reflejan las secciones (figs. 58 y 59)—nos llevan a pensar que José María Rodríguez-Acosta deseaba volver a una solución más cercana a la que propuso Santa Cruz. Pero veamos dónde y cómo se produjeron los nuevos cambios. En la fachada sobre el callejón Niños del Rollo la modificación de mayor importancia se localiza en la *loggia*, que se configura ya muy próxima a la que conocemos: a destacar el hecho de que el frontón sobre la ventana desaparezca, algo que cabe interpretar como un deseo de recuperar lo esencial. En la fachada sur habría que señalar el nuevo trazado de las columnatas tanto en la planta principal como en la del estudio. A la importancia de las dos torres que enmarcan el pórtico de paso al jardín ya hemos hecho referencia en párrafos anteriores. En los alzados a naciente y a poniente cabe obser-

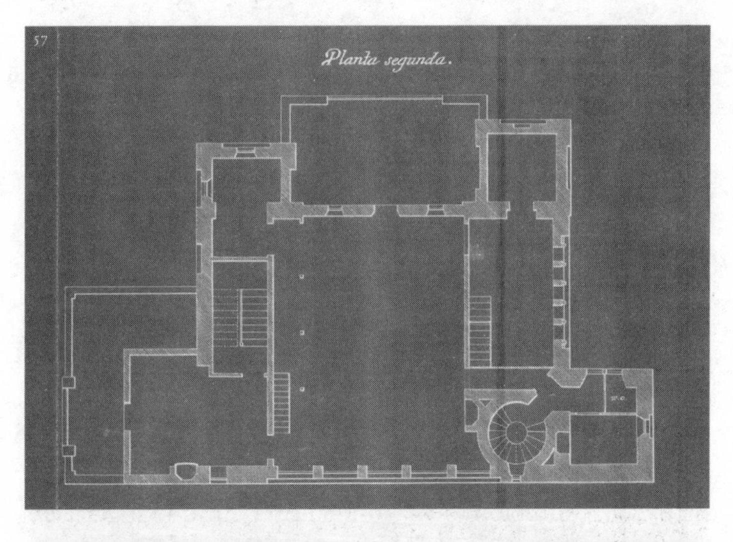
57
Planta segunda.

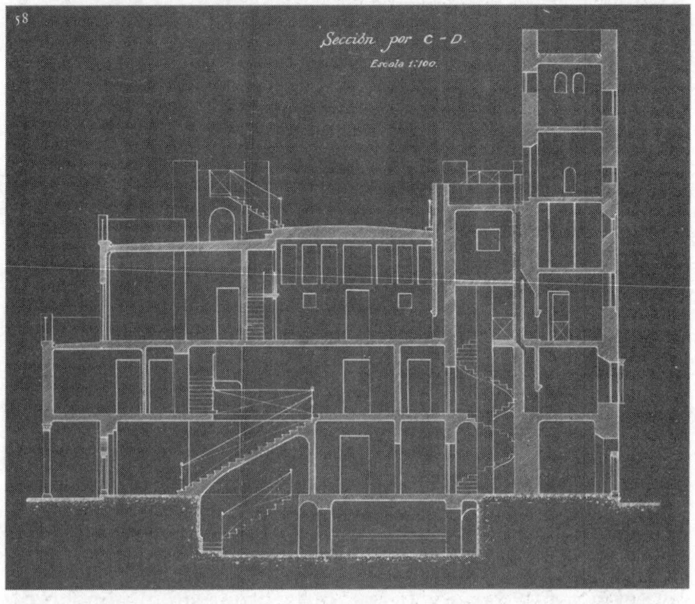
58
Sección por C - D.
Escala 1:100.

var la atención que tanto en uno como en el otro se presta a la introducción de elementos de fachada autónomos. En el alzado a naciente, el volumen que se produce en torno a la solemne escalera se convierte en el episodio de mayor relieve, en tanto que en el alzado de poniente es el plano vertical, que define el perímetro del salón, quien pasa a ser responsable de la composición del mismo (figs. 60, 61, 62 y 63). La importancia que estos episodios tienen hace que tanto una como otra fachada pierdan su condición de fachadas laterales—tal y como sugería el orden telescópico impuesto por Santa Cruz—así como la aceptada aleatoriedad que advertíamos en los alzados propuestos por Anasagasti. En todo caso, creemos percibir en ellos un aliento estilístico diverso. Nadie podría hablar ahora de arquitectura popular, y lo anecdótico—a pesar de los muchos «accidentes» que esta arquitectura presenta—no parece prevalecer. No hay ni rastro del arabismo que preconizaba Santa Cruz, pero tampoco queda huella alguna de toda aquella serie de tejaroces y elaborados remates que aparecían en los dibujos de Anasagasti. Incluso el modo de representar la arquitectura, el dibujo, se ha hecho más escueto, más plano, al prescindir de todas aquellas alusiones literarias e historicistas con que nos encontrábamos en los alzados de Anasagasti. Habría ahora que hacer referencia—y así ha sido entendido por la mayor parte de los críticos que se han ocupado del carmen—a una manera, a un afán estilístico que implica, sobre todo, la nostalgia de la arquitectura clásica, y bien claro está que al hablar de ella estamos pensando en Grecia y Roma.[13] Pero de ello hablaremos más adelante. En los dibujos de Jiménez Lacal se adivina la condición cristalina, fresca, de unos volúmenes que aspiran a ser directos y elementales, sin molduras ni referencias convencionales, volúmenes en los que es posible incrustar columnas y ven-

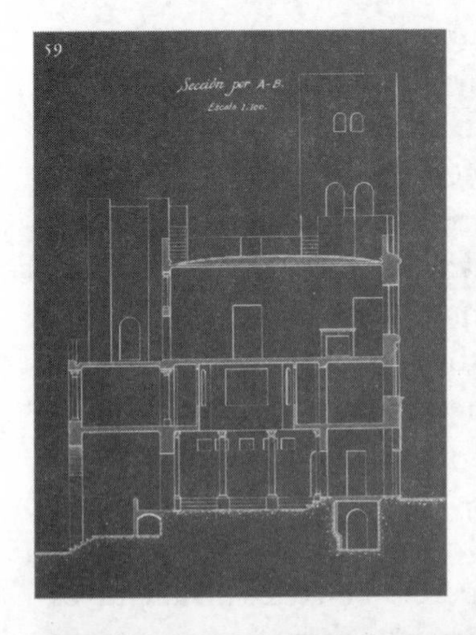
59
Sección por A-B.
Escala 1:100.

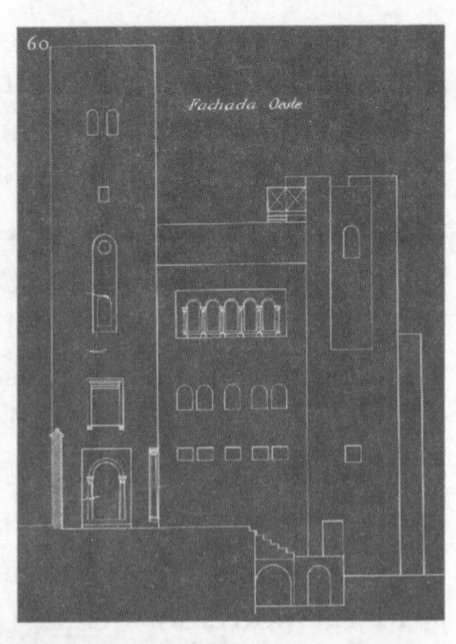
60
Fachada Oeste

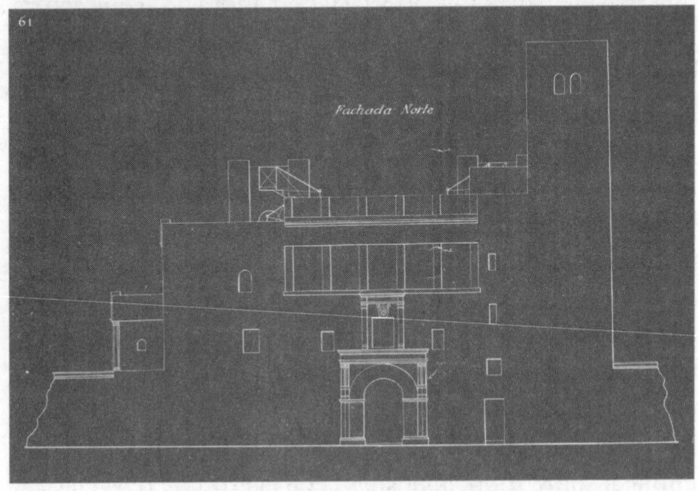
61
Fachada Norte

tanas, dinteles y rejas con admirable libertad, como si los vanos que dan vida a las abstractas masas tan sólo estuvieran pendientes de la estructura que anima los espacios. El cuaderno de fotografías a que nos estamos refiriendo nos hace, por otra parte, comprobar que algunos rasgos estilísticos que se entendían como «puro Anasagasti» estaban ya presentes en la obra ejecutada antes de que el arquitecto se incorporase a la misma (fig. 64).

Es cierto que estos alzados son muy diversos a los propuestos por Anasagasti y, sin embargo, no nos sorprende que los críticos hayan entendido el carmen como una de las obras más distinguidas de su carrera. En efecto, las blancas masas del carmen de Rodríguez-Acosta, las enhiestas torres, las románticas columnatas, etcétera, nos hacen recordar las imágenes que Anasagasti había incluido en muchas de sus propuestas: la Villa del César y el Cementerio Ideal, por citar tan sólo dos de ellos (figs. 66 y 67). ¿Sería una paradoja inaceptable el sugerir que el carmen de Rodríguez-Acosta, sin ser una obra que pueda adscribírsele, está más próximo a la estética que sugieren sus dibujos que algunas de sus obras? Asumiendo que Rodríguez-Acosta esperaba un «auténtico Anasagasti». ¿Quedaría el pintor granadino un tanto frustrado al pensar que sus dibujos poco tenían que ver con el Anasagasti anhelado?

Hay que suponer que Rodríguez-Acosta se sentía, a estas alturas de la obra, familiarizado con el quehacer del constructor, familiaridad que iba a permitirle intervenir más directamente en el carmen. De ahí que juzgue oportuno insistir en dos episodios singulares que suponen una alteración importante de los dibujos de Jiménez Lacal. El primero nos llevaría a estudiar más atentamente las escaleras. En la solución definitiva del carmen se eliminan tanto la escalera de tramo recto por la que se accedía a la planta princi-

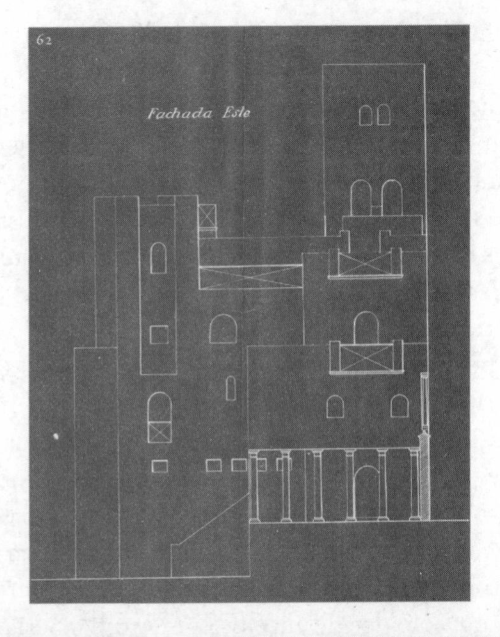
62
Fachada Este

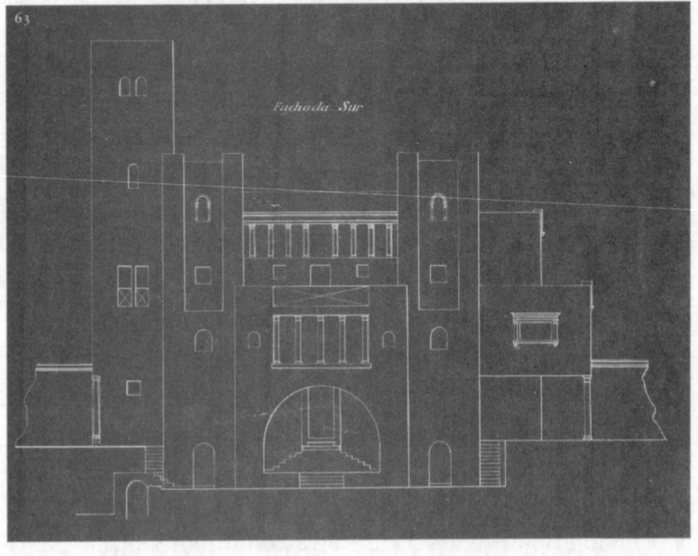
63
Fachada Sur

pal como la de dos tramos que llevaba al estudio, y aparece una nueva escalera que utiliza el vacío de la torre a sureste y que, arrancando de la planta baja, establece la comunicación vertical tanto con la planta principal como con el estudio (figs. 68 y 69). La escalera es lo suficientemente singular e importante como para que nos detengamos en ella. Inscrita en el rectángulo definido por el perímetro de la torre, la escalera se desarrolla a modo de helicoide, apoyándose en un sólido eje que reconoce la condición rectangular de la planta en la que se inscribe (fig. 70).

El paso del helicoide al rectángulo obliga a suavizar las esquinas, en las que se inscriben hornacinas extraordinariamente esbeltas. Toda la escalera mantiene el latido ascensional al que sirve una delicada ornamentación con estrías que acaba por invadirlo todo, incluso el interior de las hornacinas. Diríase que la escalera tiene el hálito de una urna: toda ella está impregnada de la suavidad y la dulzura que el torno del alfarero proporciona a la arcilla tierna. Y, si en el círculo reside la perfección, el híbrido helicoide de esta escalera se nos presenta como abierto manifiesto de que la voluntad de su constructor es el alcanzarla, aunque los presupuestos de partida puedan parecer heterodoxos. Que de ello se trata se hace evidente cuando, en el nivel más alto, en el umbral del estudio, nos encontramos con el desnudo que con tanto cuidado y esmero labró Loyzaga (fig. 71). Incapaz de ahondar más en cuál fue la relación entre Rodríguez-Acosta y Loyzaga, entre pintor y escultor, entre mecenas y artista, y cuál la ayuda que el escultor prestó al pintor en el proyecto del carmen, me atrevo a dejar constancia del interés que tendría poder explorar más a fondo el papel que desempeñó Loyzaga en la construcción del carmen.[14] Por otra parte, quien de la citada escalera se sirva, tendrá ocasión de valorar cuánto sabía de arquitec-

64

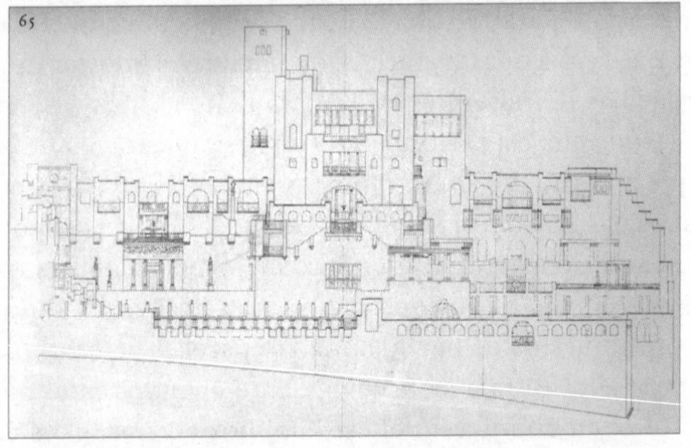
65

66

tura, a estas alturas, alguien que no tenía el oficio de arquitecto: los peldaños que desde la planta baja nos conducen a ella; los pórticos/umbrales con que nos encontramos al llegar tanto a la planta principal como al estudio; la exedra-banco que da remate al núcleo que la configura, convirtiéndose en truncada columna, etcétera, son muestras de una maestría que nada tiene que ver con la burocracia que implican las titulaciones profesionales (fig. 72). Y, para terminar con la escalera, digamos por último que toda ella exhala el aroma de los años 20, la refinada versión de lo clásico que persiguió la generación que hizo del *art déco* su estilo.

El otro cambio importante es la decisión de cerrar el hueco que tanto Santa Cruz como Anasagasti habían propuesto sobre el zaguán de entrada (figs. 6 y 34). El prescindir de este vacío concede un valor inesperado al ámbito que se produce en la primera planta. Tal ámbito busca el sur asomándose al jardín, se extiende lateralmente en sendas alas a naciente y poniente, y se cierra a norte definiendo un complejo paramento en el que vitrinas y estanterías absorben la presencia de las puertas que conducen a recintos más privados. Biblioteca, salón, cuarto de estar... difícil asignar a esta estancia un nombre asociado al uso. Espacio público, en una palabra, que mantiene relación con la planta baja a través de un fanal en torno al cual se configura un sofá (fig. 73). El prescindir del hueco fue, en verdad, una decisión definitiva, ya que dio pie a la autonomía de las plantas, no el menor de los logros de este edificio: el encapsular la escalera, dicho sea de paso, contribuyó eficazmente a que pudiera ser así y habla del poderoso instinto de Rodríguez-Acosta, a quien consideraremos arquitecto del carmen a partir de ahora. Los dos dibujos que aquí se reproducen muestran que a estas alturas José María Rodríguez-Acosta había ya asimilado la representación de la arquitectura me-

67

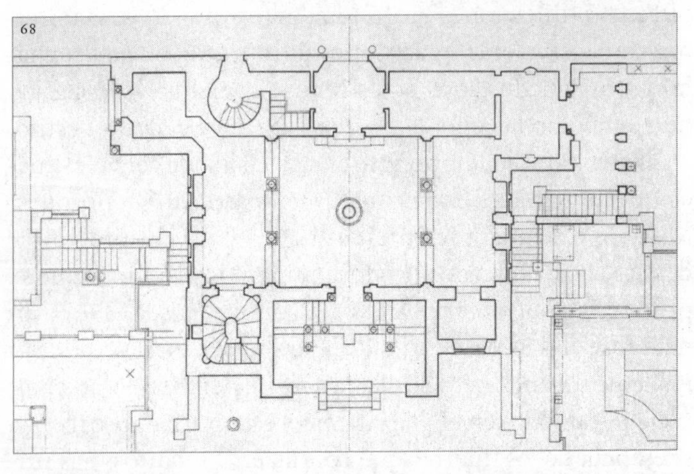
68

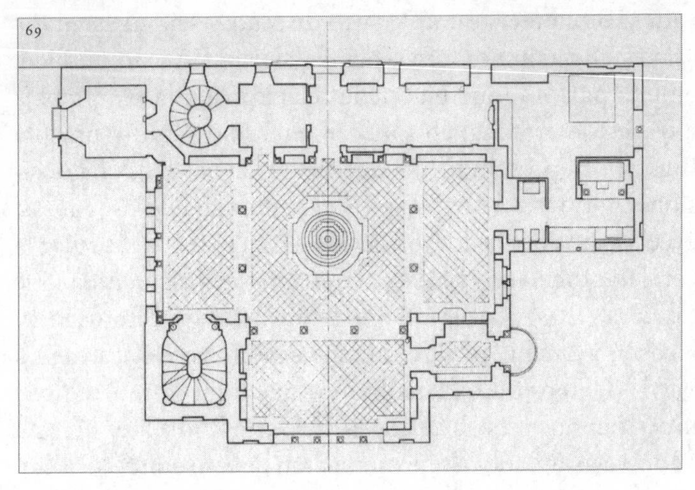
69

diante plantas, secciones y alzados. En el primero de ellos (fig. 74) se aprecia la atención que presta al encuentro entre pilastras y columnas, así como al problema que supone incluir en la construcción el «cemento armado». José María Rodríguez-Acosta piensa a un tiempo en planta y alzado, como es normal en la práctica profesional de un arquitecto. En el segundo dibujo (fig. 75) se hace sentir más su educación como pintor: tras dibujar esquemáticamente la planta esboza un alzado que pronto se transforma en perspectiva. El valor que concede a los elementos de arquitectura antigua que se incorporan al carmen está presente en la notación que en el dibujo hace y que nos lleva a pensar que el episodio no sería tan intenso sin la inclusión de una «fuente árabe». Es pena que éstos sean los dos únicos dibujos que se conservan de su labor como arquitecto, ya que, de haber quedado documentado gráficamente el proceso de construcción del carmen, podrían quedar definitivamente confirmadas las conjeturas que acerca de la paternidad del mismo en este texto se hacen.

La habilidad con que, haciendo uso del esquema cruciforme, se establece la condición unitaria de la biblioteca, no escapará a quien se entretenga en analizar la planta. Sin afectar a tal condición unitaria se incorporan dos espacios de singular valor: uno, el destinado a imágenes sagradas, otro el que Rodríguez-Acosta utilizaba como despacho. Por último, en la planta de estudio también introduce Rodríguez-Acosta sustanciales cambios respecto a lo que nos cuentan los dibujos de Jiménez Lacal (fig. 69). El nuevo orden de las escaleras deja más limpias y despejadas las superficies horizontales, y ello da lugar a que en torno al estudio se dispongan toda una serie de habitaciones auxiliares, incluida un área de recepción de visitantes inmediata a la escalera (fig. 76). Pero el estudio—que mantendrá la dis-

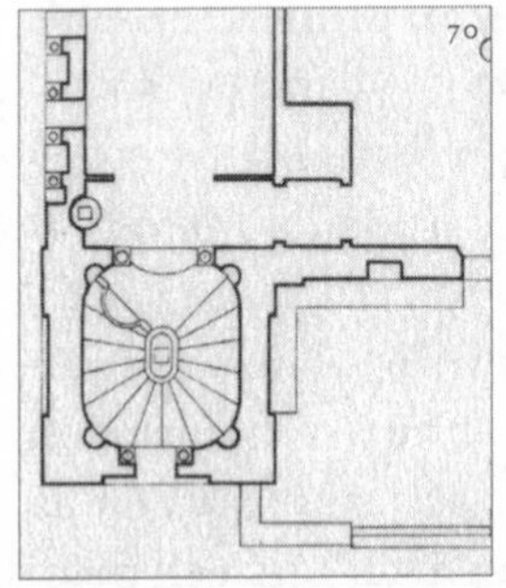
70

71

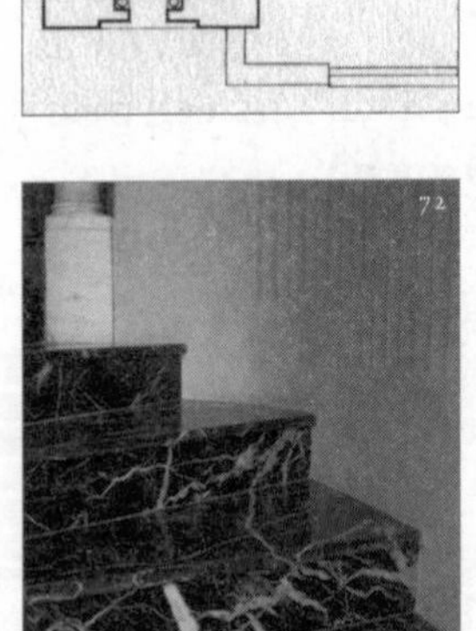
72

73

posición norte-sur que hizo su aparición en las plantas de Anasagasti—es la pieza regular, canónica, aquella que domina la planta.

EN BUSCA DE PRINCIPIOS

¿Cuáles eran los criterios con los que trabajó Rodríguez-Acosta para conseguir tan espectacular arquitectura? Confesemos, en primer lugar, que el carmen no es un edificio de fácil intelección, ya que escapa a todo intento de reducción y simplificación. El mecanismo que se pone en marcha en este proyecto es simple: mantener la atención prendida en la parte, olvidando el todo. Pero esto no quiere decir que aquél no exista. Bien al contrario, me inclino a pensar que una de las obsesiones como arquitecto de Rodríguez-Acosta fue ser fiel a lo que él entendió como prueba de la existencia de un todo, de una estrategia global y unitaria a la que una arquitectura atenta a lo singular servía. La hipótesis que, tras el estudio del material que aquí se publica, me gustaría adelantar, es la de un José María Rodríguez-Acosta que tiene ya, cuando se encamina al estudio de Ricardo Santa Cruz, una idea muy clara de la casa-estudio que desea. Pero la claridad de ideas respecto a lo que debía ser el despliegue espacial del programa no va pareja con una idea precisa respecto a lo que debe ser figurativamente, estilísticamente, el carmen. Con el guión bien establecido, Rodríguez-Acosta se lanzó a la construcción de la obra e, inmediatamente, advirtió la importancia que tenía sentar el edificio en la escarpada ladera. Los años oscuros en la construcción del edificio fueron los que mediaron entre 1916 y finales de 1920, cuando, probablemente, se incorporó a la obra Teodoro de Anasagasti. Para entonces, Rodríguez-Acosta ha-

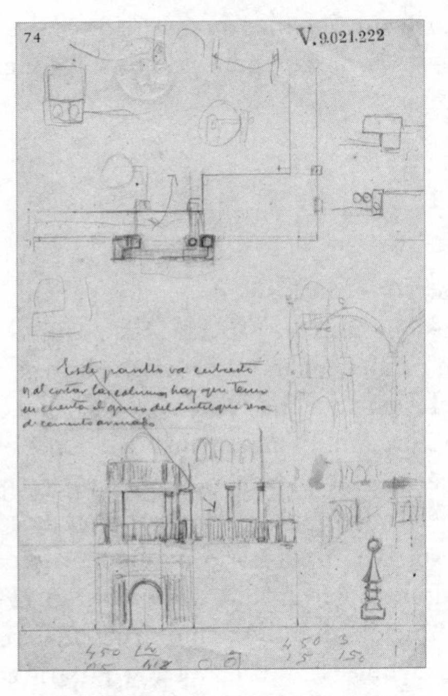
74
V.9.021.222

75

bía hecho suyos los principios de una arquitectura que, reclamándose a la tradición grecorromana, iba a producirse con asombrosa libertad, dando lugar a un modo de entender la arquitectura—y, en concreto, su proyecto—del que hablaremos ahora.

Detengámonos a ver cómo se configura el jardín (fig. 3). El establecimiento de un eje este-oeste es, posiblemente, el primer movimiento que Rodríguez-Acosta hace conjuntamente con los arquitectos que le acompañan. Este eje le iba a permitir colonizar el amplio espacio de las terrazas, disponiendo en ambos extremos del mismo dos elementos de singular valor: el jardín de Apolo y la alberca de Venus. Jardín y alberca son episodios autónomos diseñados con independencia, lo que, sin duda, contribuye definitivamente a acentuar la viveza del conjunto, cuya integridad garantizan los ejes. Pero la importancia de este *decumanus* implica la existencia de un *cardus*: y éste es el eje que, desde el callejón Niños del Rollo, pasa por el pórtico, la fuente, el balcón y termina en la ciudad (fig. 77). Si el eje este-oeste garantiza la colonización y el orden de las terrazas, el eje norte-sur nos habla de la promesa de poseer la ciudad, de convertirla en propia con nuestros ojos (fig. 78).

DESCUBRIENDO UN LENGUAJE

En este sumario no excluyente de la historia de la arquitectura occidental que es el carmen, José María Rodríguez-Acosta parece querer servirse tan sólo de aquellos sistemas constructivos primarios asociados al muro: el dintel y el arco. Dintel y arco que uno podría conectar con Grecia y Roma y de los que el constructor se sirve con admirable libertad. En la fachada del callejón Niños del Rollo respeta

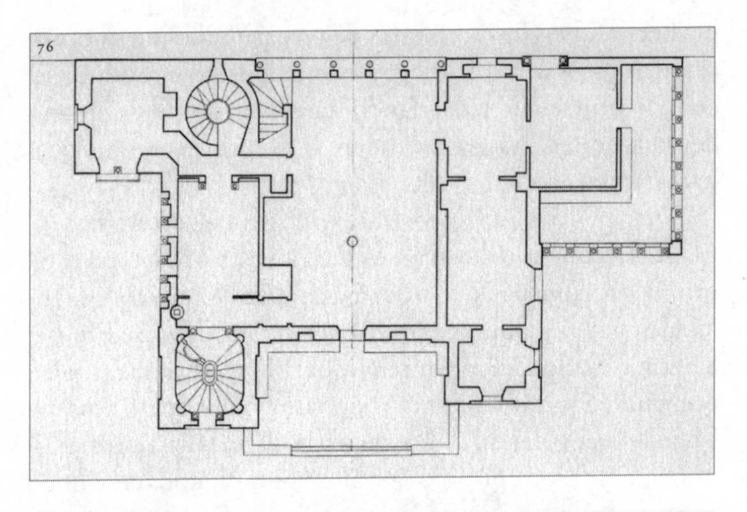
76

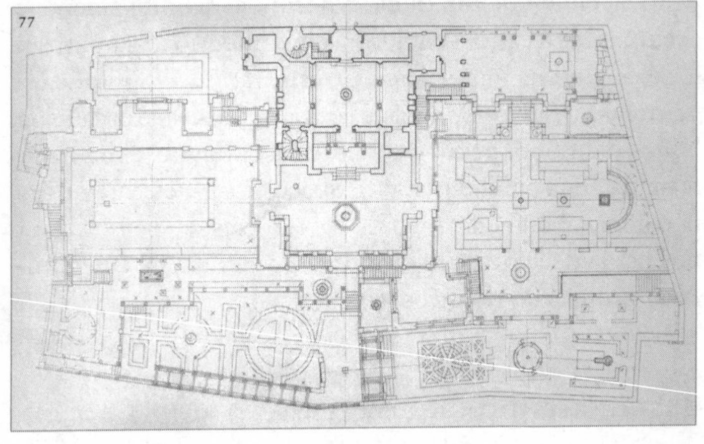
77

un sistema compositivo al que cabe calificar como canónico, pero, tan pronto como el carmen se convierte en un espacio privado, los huecos en el muro se disponen sin atender a las normas. Aún diría más. No sé si, consciente o inconscientemente, José María Rodríguez-Acosta se recrea en olvidar lo que la costumbre dicta. De ahí que los arcos, que en la más estricta ortodoxia parecen reclamar idéntica proporción, se abran en los muros con admirable diversidad. Tomemos, por ejemplo, la fachada a naciente (fig. 80). En ella nos encontramos con arcos macizados en la torre; con un arco de medio punto en el que las jambas de las que arranca son la mitad de su diámetro; con una ventana, por último, en la que la jamba es idéntica al diámetro. El resultado es inquietante, como lo es el modo en que un arco elongado y ciego enmarca un ojo de buey con ventana en la torre a poniente, cuando aún no hemos perdido la visión de un balcón de forja al que se accede desde una ventana bífora y arqueada (fig. 79). Digamos, al paso, que Rodríguez-Acosta había explorado el atractivo efecto de los dispares arcos en alguno de los episodios del jardín—concretamente en el diafragma arqueado y tripartito que cierra a norte la terraza del jardín de Apolo—, contribuyendo eficazmente a configurar el mismo en torno a la fuente. Allí, este manejo libre y heterodoxo de los arcos, que aceptan un mismo trazado y que disfrutan de tan diversa proporción, hace pensar no tanto en la arquitectura romana como en la arquitectura bizantina (fig. 81).

Pero este interés por explorar lo heterodoxo, por aproximar elementos de arquitectura que nunca estuvieron cercanos, aparece en el carmen en numerosas ocasiones. Este gusto en perforar los muros con arcos de muy diferente proporción aparece siempre en animado contrapunto con los órdenes adintelados que incorporan columnas. Valgan

78

79

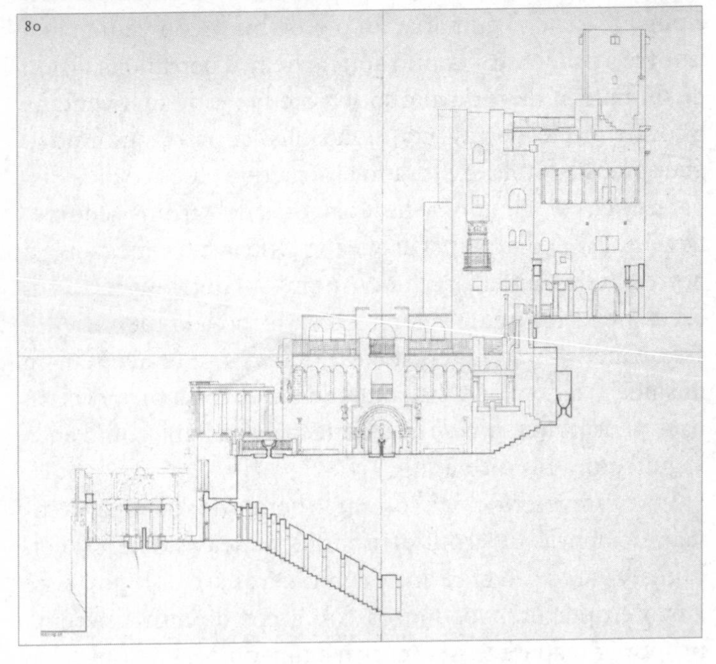
80

el gran arco de salida al jardín y la columnata de la biblioteca que sobre el mismo se produce como prueba de lo dicho (fig. 82). El interés que tiene el ver convivir el arco y el dintel—convivencia que parece ser el *leitmotiv* de toda la arquitectura del carmen—es algo que tal vez el constructor del mismo advirtió por primera vez en la Puerta de Úbeda y que luego extendió a otros episodios como obligada norma (fig. 83). Pues, en efecto, situaciones en las que se solapa el arco y el dintel son frecuentes en el carmen. Aparecen en la fachada sur, pero también—y son allí importantísimos—en la fachada a naciente (fig. 84). Un híbrido en el que se superponen columnata adintelada y arquería hace acto de presencia en la fachada a poniente (fig. 85). Diríase que es la continua convivencia entre dos elementos tan dispares la que hace tan atractivas estas fachadas. Pero, y aunque ya quedó dicho, no convendría olvidar el valor que tienen los elementos añadidos, incorporados, que tanto cautivan nuestras miradas. Lo pintoresco en el carmen parece ser inevitablemente accidente histórico.

Junto al arco y al dintel aparece la columna. Ella es, sin duda, el elemento arquitectónico que con más fuerza caracteriza el carmen. Las primeras columnas que vemos aparecer en el álbum de fotografías que sirve de apoyo a estas reflexiones se encuentran en el jardín. Si nos atenemos al orden en el que se disponen las imágenes, éstas son las columnas que acompañan a los arcos abiertos en el muro que actúa como fondo de la figura de Venus (fig. 64). Las columnas, apareadas, están incrustadas en el muro, y más bien parecen ilustrar la propuesta iconográfica descrita—dintel/arco—que cualquier otra cosa. Que tienen un carácter puramente simbólico y alusivo se comprende cuando se observan las basas y los equinos: al transformar sus dimensiones habituales, la imagen se distorsiona y adquiere aquel sa-

81

82

83

bor heterodoxo que tanto nos atrae del carmen. La columna, por tanto, como elemento figurativo clave desde el primer momento: cabría decir que los cipreses son columnas vivas y lo cierto es que son componentes definitivos y definitorios del jardín desde el primer momento, a juzgar por lo muy tempranamente que se plantaron (fig. 85).

Las columnas merecerían todo un capítulo independiente, ya que nos encontramos con muy diversos y variados ejemplos. Una vez más el conocer cómo se desarrolló la obra ayuda a entender su estética, y así me parece que convendría hacer hincapié en el hecho de que las columnas hicieron su aparición primera precisamente en el jardín. En los alzados de Santa Cruz no encontramos otras columnas que las de la *loggia* de la planta alta, columnas con clara proporción orientalizante que nada tienen que ver con estas de corte grecorromano que con tanta profusión encontramos en los jardines. Podría aventurarse la hipótesis de que el interés por la columna hubiese nacido como consecuencia del gran número que de las mismas podría encontrarse en el mercado de arquitecturas usadas, sin duda existente en una ciudad como Granada en la que tanto abundaban los derribos: en efecto, en el carmen hay muchas columnas reutilizadas y puede, por tanto, que el interés por ellas como elemento procediese del deseo de hacer uso de materiales disponibles de cuyo valor no se dudaba. Pero, una vez hecha esta observación, pasemos a examinar cómo maneja las columnas el constructor del carmen. Cuando Anasagasti llega a la obra hacia finales de 1920, a juzgar por las fotos y los croquis que conocemos, estaban ya en pie la columnata del templo de Psiquis, la exedra de Apolo, las columnas apareadas de la pérgola sur, y tantas otras (fig. 86). Las columnas se manejan siempre con admirable libertad. Recordemos algunas opciones. La más notable, sin duda, la co-

84

85

86

87

lumnata del templo de Psiquis. Se trata de columnas posiblemente recuperadas, toscanas, atadas mediante un entablamento nuevo al que se corona con una cornisa, quizá también rescatada de algún derribo. Al zócalo corrido, cuidadosamente pensado y diseñado, es a quien hay que hacer responsable del valor que estas columnas tienen en el carmen: es el zócalo quien las convierte en templo y quien las transforma en ruinas (fig. 87). Pensemos ahora en las columnas que dan paso a la cúpula en el ámbito de la alberca de Venus. Al estar adosadas a un muro y escoltando un arco, se subraya la visión frontal a que el eje obliga. El doble apareamiento de columnas, cambiándolas de escala, da lugar a un curioso efecto perspectivo, cuyo premeditado diseño pone de relieve el Apolo amparado por la exedra con el que nos encontramos al fondo (fig. 88). El dintel, que ya no es pétreo, está fuera de las proporciones que parece exigir la columna. Aparece así, una vez más, este empleo anómalo y heterodoxo de elementos tradicionales a que tan acostumbrados nos tiene el carmen: la condición equívoca del episodio viene reforzada por la repetición de las columnas apareadas en el piso alto, que, en este caso, no juegan el equívoco perspectivo al ser de la misma altura. El dintel ahora es simplemente el canto del suelo/forjado, dejando constancia de la presencia de las columnas en la barandilla corrida con la que, mediante potentes machones alineados verticalmente, sirviéndose del eje que definen las columnas apareadas, se da fin a la terraza. En el conjunto de columnas presentes en el ámbito del llamado teatro, un orden tetrástilo de mayor dimensión en el vano central que en los dos laterales enmarca la escena (fig. 89). Habría que hacer notar el papel unificador que tiene el dintel de hormigón que ata las columnas con las sólidas pilastras que definen el fondo de la citada escena. Un conjunto de columnas dóricas sobre las

88

89

que se dispone un dintel a modo de entablamento cierra a norte tan importante ámbito. Las basas de estas columnas dóricas nos permiten apreciar la cuidadosa definición del conjunto y la importancia que en el mismo tienen los detalles. En la fachada del lado norte del jardín de Apolo, un complejo conjunto de balcones acompaña a un importante arco que se levanta sobre otro inferior a modo de hornacina: a toda una serie de columnas empotradas en el muro se confía la transición a que obliga tan artificiosa superposición (fig. 108). En este caso, las columnas de escasa altura y de proporción maciza—lo que les da un cierto sabor arcaizante—se encastran en las paredes y en las esquinas, dando lugar a un episodio en el que las erosionadas aristas de los volúmenes son responsables de la imagen. Otros modos de usar las columnas aparecen en el carmen. Valgan estos pocos ejemplos como muestra del proceder reflexivo y maduro del arquitecto. Las simetrías se pierden pronto pero, entre tanto, el visitante ha quedado prendido en fragmentos y columnas, que tanto ayudan a dar forma al jardín como a enriquecer unos paramentos que deliberadamente decidieron ignorar el ornamento.

Si pasamos ahora a examinar la casa-estudio y consideramos tanto el interior como el exterior en términos lingüísticos, nos encontraremos con un modo de proceder idéntico. Quedó bien claro en los párrafos anteriores que José María Rodríguez-Acosta aprendió a servirse de las columnas en el jardín y que fue su experiencia como constructor del jardín la que le permitió incorporarlas a la casa-estudio. Las columnas son cruciales en la imagen definitiva de los alzados. Si, una vez más, nos detenemos a comparar lo que se dibuja con lo que se construye, advertiremos notables diferencias entre lo que dibuja Jiménez Lacal como alzado y lo que, en último término, se construye. El alzado

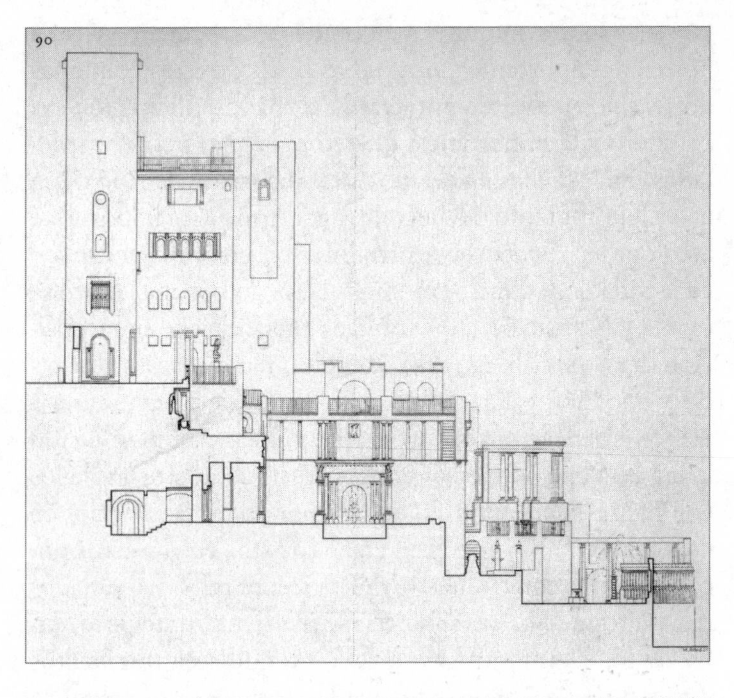
90

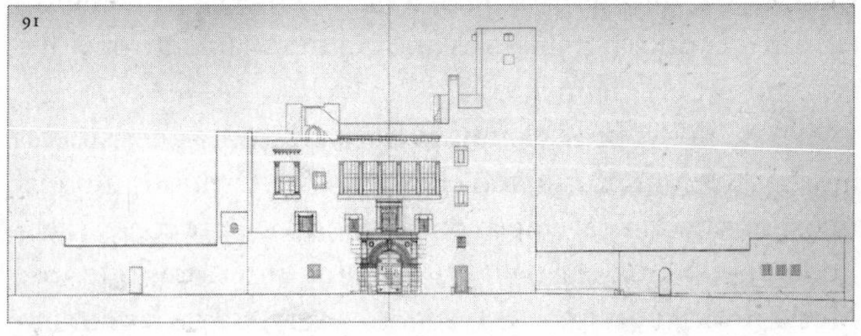
91

sur es casi el mismo, pero el arquitecto constructor—José María Rodríguez-Acosta, se entiende—introduce cinco vanos en la *loggia* de la planta noble, allí donde los dibujos de Jiménez Lacal señalaban cuatro: el cambio de proporciones de la columnata es notable, alcanzando una esbeltez que antes no tenía (figs. 63 y 65). También convendría señalar cambios en la fenestración de las torres cuasigemelas: al perder el hueco de medio punto se desprende el último rastro de influencia de la arquitectura hispanomusulmana. Pero es en la fachada este donde el cambio será más notable, radical incluso, al incorporar una columnata a modo de galería que envuelve y enriquece el ala naciente del estudio (figs. 62 y 80). Aparece, en la obra construida, una imponente columnata de siete vanos a naciente y de cinco a sur que se convierte en uno de los episodios más importantes del volumen, dotándolo de singular ligereza. El uso que José María Rodríguez-Acosta hace de estas columnatas muestra su extrema flexibilidad en cuanto que constructor, siempre dispuesto a transgredir la norma. Y así, en la columnata-*loggia* de la fachada sur, la que aparece sobre el eje principal de la fachada en el nivel del estudio, nos encontramos con que las columnas están adosadas al muro, en tanto que en la doble columnata/balcón del estudio, emplazada a sur y a naciente, no ocurre así, quedando las columnas exentas. En el alzado a poniente apenas hay cambios: como en las torres cuasigemelas, el arquitecto constructor se desprende de la ventana más alta, ganando así la torre en ligereza (figs. 60 y 90). Las ventanas apareadas que los dibujos establecían para la torre en el alzado sur se convierten en tres, con lo que el frente de la torre que mira a la ciudad enfatiza su altura al centrar más claramente el eje. Por último, en la fachada norte, siempre la más estable, no se advierten cambios que merezcan ser reseñados (figs. 72

92

93

y 91). Con seguridad, la confianza que el arquitecto constructor ha ido adquiriendo a lo largo de la ejecución de la obra le permite hacer uso de las sutilezas lingüísticas que implican todos estos cambios.

De las tersas superficies de los volúmenes ha desaparecido cualquier traza de moldura, recibiendo de buen grado los restos del naufragio de los estilos del pasado, incrustando diversos elementos y fragmentos ornamentales a modo de exvotos y trofeos en los paramentos. Así se mantienen vivos. Por otra parte, al hablar del carmen siempre se menciona el trato pintoresco que el constructor dio a los volúmenes. Creo, sin embargo, que cabe otra lectura. La casa-estudio emerge de los jardines como un poderoso volumen medievalizante que, sin duda, nos hace pensar en la Alhambra. Aunque cabe advertir precisas operaciones en el manejo de las masas—el diferente tratamiento dado a las torres cuasigemelas sería una prueba de lo que estamos diciendo—, son los elementos recuperados e incrustados en ellas los que dan pie a un pintoresquismo necesario para reducir tan importantes volúmenes. Alcanzar esta condición pintoresca, sirviéndose del valor iconográfico y literario de los elementos, prueba una vez más el talento del constructor del carmen. Estas consideraciones podrían extenderse a puertas, ventanas, rejas, balcones, etcétera, a todos aquellos elementos con los que se construye. Pensemos—tan sólo por el gusto de refrendar lo dicho con un ejemplo—en el balcón circular de la biblioteca (fig. 92). Desde el trazado del balcón, que lo proyecta inesperadamente sobre el muro como feliz anomalía, hasta el uso que en la construcción del mismo se hace de elementos arquitectónicos incorporados, este brillante episodio de la fachada a naciente es una muestra palpable del modo de manipular elementos lingüísticos diversos hasta conseguir trabarlos en un todo. Y cabe decir

94

95

que este mecanismo se extiende hasta la más amplia de las escalas en toda la arquitectura del carmen.

Asumiendo que el interior de la casa-estudio es lo último que se construye, hay que admitir que será en él donde la maestría adquirida por el *amateur* se ponga de manifiesto sin pudor alguno. En efecto, así es, y el examen de los interiores nos llevaría a comprobar que se aplica en ellos el mismo lenguaje elaborado para el jardín y para el exterior de la casa-estudio. Las columnas vuelven, otra vez, a modular y jerarquizar los espacios, tanto cuando aparecen exentas formando atrios y peristilos, como cuando las encontramos adosadas a los muros, subrayando la presencia de los huecos. Tal vez quepa decir que la biblioteca es el espacio más característico de la casa-estudio. Las columnas reflejan el esquema de muros apeando, en último término, los del estudio (fig. 93). Abierta, como está, la casa-estudio a todos los puntos cardinales, el paramento que recoge nuestra mirada y en el que se deposita mayor interés en cuanto a diseño es el paramento norte (fig. 94). En él quedan absorbidos tanto el mueble de la biblioteca como las puertas. Parejas de columnas doradas acompañan a los huecos, que se utilizan para disponerlas, mecanismo que ya tuvimos ocasión de examinar en las fachadas. La biblioteca es el lugar en el que reposan los objetos y obras de arte que José María Rodríguez-Acosta compró en sus viajes. Hay de todo. Nos hablan del gusto ecléctico, ecuménico, de quien las adquirió. En general predominan las obras sofisticadas y sutiles, que ahora se integran en los muebles adosados, convirtiéndose en nuevos «accidentes históricos» como los que nos encontrábamos en las fachadas.[15] Veamos, por comprobar lo dicho, las hornacinas de las puertas: aunque su composición corresponde a un esquema A-B-C-B-A, en realidad este orden primario de los huecos está desbaratado por la diver-

96

97

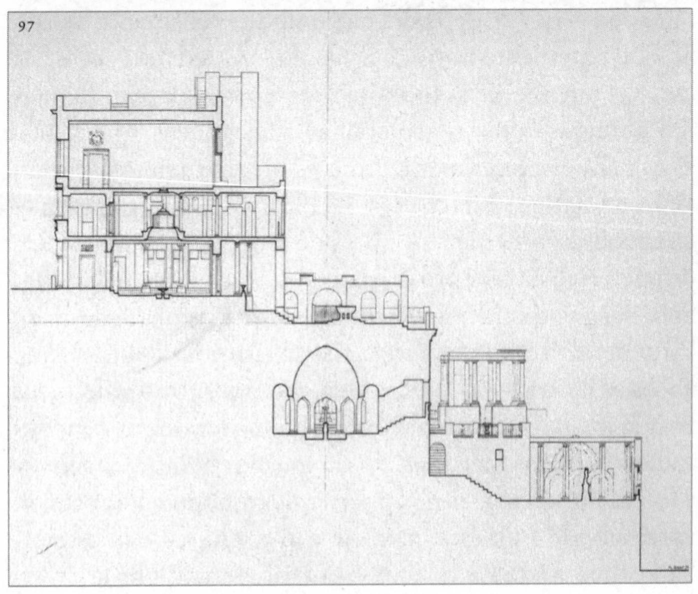

sidad de los objetos que enriquecen y transforman todos y cada uno de aquellos huecos (alzado interior). Al final la simetría se rompe en una admirable estantería oscura que contrasta vivamente con los dorados de las columnas. Éstas se superponen verticalmente, sugiriendo una interesantísima arquitectura. Un interior, por tanto, en el que conviven las obras de arte con la arquitectura de la casa-estudio, hasta el extremo de calificar aquella convivencia como de estricta continuidad. La misma que encontraremos entre la madera empleada para los muebles empotrados en los muros y el ajedrezado suelo (fig. 95).

A reforzar esta continuidad contribuye el diseño de todos los elementos auxiliares: lámparas, barandillas, apliques, linterna, etcétera. José María Rodríguez-Acosta es fiel a su tiempo, y todo lo instrumental presenta un marcado carácter *art déco*, algo que no sorprenderá a quien se entretenga en explorar los libros de que se compone su biblioteca.[16] El procedimiento lingüístico que apreciamos en las fachadas se utiliza—y no podía ser de otro modo—en los interiores. Permítaseme citar un episodio bien concreto: la puerta que conduce al ámbito más privado del estudio. Sin duda, la puerta, ricamente estofada, procede de un edificio antiguo, y como tal la entendemos. Pero para resaltar el valor de la misma se recurre a un gesto arquitectónico: coronándola, se ha colocado un espléndido espejo ceñido por un riquísimo marco dorado, que el dueño de la casa tuvo a bien inclinar sustancialmente (fig. 96). El estudio está dominado por el hueco norte que mira a la Alhambra, pero quien de verdad es dueño y señor de la escena es, a mi entender, el espléndido conjunto de puerta-espejo que, con tanta habilidad y talento, conjuntó el pintor. Sirva este ejemplo entre mil, y quede en manos del visitante el descubrir cientos de situaciones como ésta.

98

99

BOSQUEJO DE LO QUE PUDO SER LA ESTRATEGIA CONSTRUCTIVA

Tras estas consideraciones acerca de las distintas intervenciones en la construcción del carmen—Santa Cruz, Anasagasti, Jiménez Lacal—me gustaría, siempre con la ayuda del álbum de fotografías que aquí por primera vez se publica, examinar las distintas etapas en la construcción del mismo, animado por el deseo de descubrir cuáles fueron las pautas y criterios que siguió José María Rodríguez-Acosta a lo largo de un tan dilatado período de obras.

Detengámonos ante la figura 20. Si la figura 53, que coincide con el estado en que se encuentran las obras cuando se hace cargo de las mismas Teodoro de Anasagasti, hay que datarla en torno al 21 de febrero de 1921, cabe suponer que la foto de la que estamos hablando ahora pudo ser tomada algunos meses antes.

¿Seis, doce, dieciocho meses? Difícil precisarlo ahora, y no creo que tenga más importancia el hacerlo, a la vista de lo que son mis intenciones. Si en algo hay que hacer hincapié, es en el hecho de que la construcción de la casa-estudio imponía como condición previa el proyecto del jardín, proyecto del que, desgraciadamente, como ya quedó dicho, no hay referencias documentales. En todo caso, lo que el álbum confirma es que la construcción de la casa-estudio implicaba un proyecto previo de jardín. La fotografía a la que nos estamos refiriendo muestra un sólido construido en medio del solar: su cubierta es la terraza a la que se accede desde el zaguán de la casa-estudio, cuya construcción no ha comenzado todavía; en los dibujos de Santa Cruz aparecía, como ya dijimos, la puerta ubetense que todavía no se había puesto en pie cuando fue tomada la fotografía que da origen a estas reflexiones (fig. 24). Sí que se intuyen las

100

101

102

escaleras laterales que bajan al nivel inferior—aquel en el que encontrarán acomodo las estatuas de Apolo y Venus—y se ve con claridad el arco de medio punto que lleva a la bóveda con la que se vacía el sólido.

Este arco de medio punto permite afirmar que la estrategia seguida para la arquitectura de la casa-estudio, estaba ya establecida en aquellas fechas y que, quienquiera que fuera el que tomase las decisiones en aquella obra—y ya quedó dicho que en mi opinión no era otro que José María Rodríguez-Acosta—había definido un eje longitudinal que corría en la dirección este-oeste. Los ejes, que sin llegar a ser paralelos a las inflexiones de la alineación de la calle del Aire Alta las reflejan, se transforman ahora, en esta segunda terraza, en un eje longitudinal este-oeste, siguiendo la directriz establecida por el callejón Niños del Rollo. Dicho eje iba a ser crucial, definitivo, para localizar los distintos episodios arquitectónicos que el dominio del escarpado solar demandaba. En el centro del solar nos encontramos así ya con la terraza, construida sobre la cúpula apuntada. Por razones que ignoramos, el eje de la citada cúpula no coincide con el centro de la terraza (fig. 97). Pero cabe decir que es a este punto, a la proyección de la clave de la cúpula sobre el plano inferior, al que habría siempre que referir los sistemas de alineación de que se va a hacer uso. El concepto de eje tiene hoy inevitables resonancias académicas o, para ser más preciso, *beaux-artianas*. Sin embargo, los ejes del carmen son bien diversos. El eje longitudinal este-oeste enhebra y da pie a numerosas intervenciones a las que, como dijimos, cabe calificar de autónomas. El citado eje soporta las diversas escenas con que el arquitecto cuenta para dar sustancia—literaria, histórica, sentimental, si se quiere—a la obra. El eje es el hilo argumental de una arquitectura que se estructura con una linealidad no lejana a aquella de

103

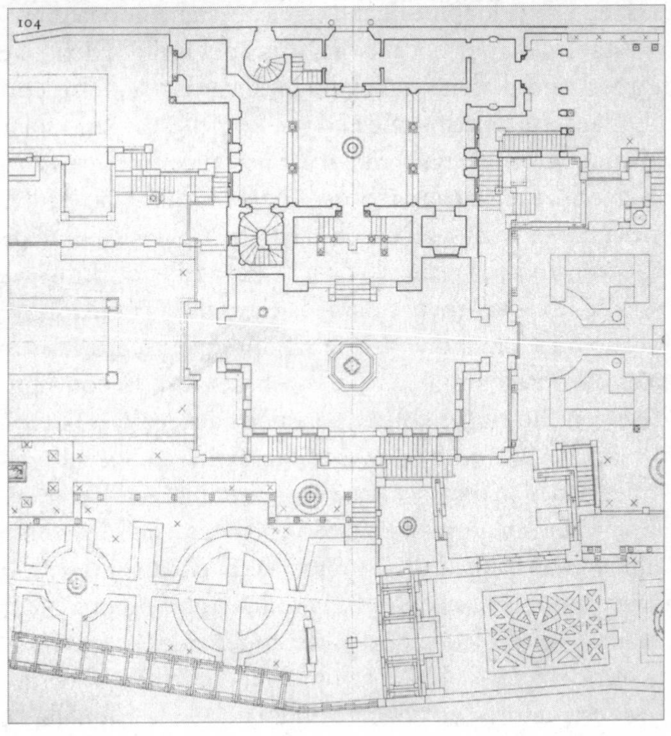
104

la que se sirve quien narra una historia. El eje longitudinal de que José María Rodríguez-Acosta hace uso para la construcción del carmen no explota de un modo exhaustivo la visión perspectiva, al quedar interrumpido por el sólido mencionado. No es origen de simetrías especulares. El eje tiene, por tanto, un valor estructural que se entiende bien cuando se piensa en la dificultad que encerraba colonizar aquel empinado solar. El eje longitudinal es el primero del que el arquitecto se sirve para tomar posesión del solar. El eje transversal norte-sur está, durante la primera etapa del proceso de construcción del carmen—la previa a la intervención de Teodoro de Anasagasti—, latente, expectante. Quienes construyeron el carmen sabían que harían uso de él más adelante, pero apenas si cuenta en el trazado del jardín que se despliega, sobre todo, haciendo uso de la orientación este-oeste. De la posterior aparición de un eje vertical para organizar la casa-estudio nos ocuparemos en breve.

El álbum de fotos que ha dado origen a este texto permite descubrir algo fundamental para entender el carácter del carmen: por un lado, que en él no hay distinción entre interior y exterior; y, por otro—y a modo de corolario—que interior y exterior están íntimamente relacionados. De ahí que quepa afirmar—a la vista de las fotografías de la construcción del carmen—que las cartas estaban ya echadas cuando se incorporó a la obra Teodoro de Anasagasti. La continuidad entre interior y exterior a que nos referimos quedaría probada al poder entender muchos de los episodios que animan el jardín como obras de arquitectura con vida propia. ¿Quién no está dispuesto a entender como un interior no cubierto el ámbito ajardinado que se desarrolla a poniente, en el que la pudorosa estatua de Venus se sitúa al extremo de una alberca enmarcada en sus esquinas por pilastras coronadas por amorcillos? (fig. 98). El episodio a que nos referimos se completa con un peculiar pórtico pseudodórico a norte, en el que Loyzaga labró para el arquitrabe un peculiar friso, cuya deuda para con la estatuaria renacentista es obvia.[17] Sobre él, un Apolo[18] encaramado a una columna parece contemplar la escena, en tanto la estética del arquitecto constructor se hace explícita en el torso naturalista de mujer—de mano de Loyzaga—incrustado en el muro a poniente que mira a Venus. (figs. 99, 100 y 101).

Otro tanto cabría decir del jardín a naciente—el jardín de Apolo—[19] en el que una exedra de columnas exentas protege la estatua del dios griego. Como en el jardín de Venus, el tratamiento dado a norte y sur confirma este deseo de entender las áreas de los jardines como estancias. La fotografía que posiblemente inspiró el tantas veces citado croquis de Anasagasti confirma que la fachada norte del ámbito del jardín de Apolo estaba ya construida a fines de 1920 cuando, siempre tomando como base de esta presunción la fecha de los planos, el arquitecto vasco se incorporó a la obra. El examen de esta fachada confirmaría, por otra parte y una vez más, que el cambio de rumbo estético estaba ya en aquellas fechas decidido. En efecto, el grueso muro que pone en valor la figura del «presunto discóbolo», al que ya me he referido previamente, ofrece una muestra más de todas aquellas inquietantes opciones de diseño de que hace gala el carmen: hay un esfuerzo por dar forma abstracta y elemental a las masas, y ello se consigue con la tersa definición de los planos que, al encontrarse, producen afiladas aristas. Pero las abstractas masas están animadas por elementos que se encastran en los paramentos, y así vemos aparecer, embebidos en los muros, arcos, columnas, excavados prismas que dan al conjunto una viveza que no cabría esperar tan sólo del severo y puritano volumen. La libertad con que el arquitecto del carmen dispuso los elementos aleja la imagen del mismo de cualquier ortodoxia aprendida, y dota al muro de que estamos hablando de un interés plástico inesperado e intenso. Y, extendiendo el argumento, cabría decir que con idénticos criterios el constructor del carmen se había enfrentado al siempre difícil problema de definir los bordes: el fin que se persigue con este texto no da pie a examinar con atención el cuidadoso y habilísimo tratamiento que se dio al cierre de la finca, pero quede, al menos aquí, apuntado (figs. 102 y 103).

Todavía un episodio más para dejar claro cuánto el constructor del carmen entendía los ámbitos exteriores como estancias. La terraza a la que se llega desde el zaguán de entrada—auténtica piedra angular de la arquitectura del carmen—consolida su condición de espacio abierto, de espacio al que, para ser una estancia, sólo le falta el techo. Las esquinas se hacen sólidas, conteniendo el espacio, que se convierte así en recinto: quien pone el pie en este espacio se ve obligado a encontrarse con Granada, lo que es tanto como decir a encontrarse con el mundo. El dueño de la casa—que ha cruzado el umbral de la historia al pasar bajo el arco de la puerta de Úbeda y superar el zaguán de entrada, que algo tiene, como ya quedó dicho, de *mégaron* griego—frente al universo.

Tras cuatro años de esforzados trabajos en la obra, el constructor del carmen ha aprendido el valor que tiene el servirse de un eje. Apoyándose en él iba a ser capaz de dotar de sentido a los jardines, introduciendo una vez más en ellos la polaridad entre el deseo y el conocimiento, al aludir directamente a Venus y a Apolo, pero, sobre todo, habrá aprendido a trabajar con episodios arquitectónicos independientes, encadenándolos. Los tres ámbitos a que nos hemos referido (alberca de Venus, jardín de Apolo y terraza sobre la bóveda) son el origen de toda una serie de espa-

105

106

107

cios secundarios que tienen como referencia esta columna dorsal del eje longitudinal mencionado que el constructor estableció para su gobierno. El eje, por tanto, no como paradigma de la jerarquía, sino, bien al contrario, como garantía de libertad.

Cuando en 1921 Rodríguez-Acosta, con la ayuda de Teodoro de Anasagasti, se dispuso a emprender una nueva etapa de la construcción—la construcción de la casa-estudio—sabía bien cuál era el valor estructural que un eje tiene cuando se proyecta una obra de arquitectura. Al hablar de los jardines hemos identificado aquel eje longitudinal que sirvió de pauta para el trazado de la casa-estudio: la cúpula bajo el patio lo estableció de una vez por todas, convirtiéndose la proyección de su clave, como ya quedó dicho, en origen al que referir los dibujos de Santa Cruz (fig. 104). El proyecto de Anasagasti insistirá en tan importante referencia, consolidada definitivamente por el monumental arco de medio punto. Pero cuando, rota la relación profesional con Teodoro de Anasagasti, José María Rodríguez-Acosta—vía Jiménez Lacal—vuelve a asumir el mando en la construcción del carmen, siente que el sistema de ejes longitudinales no basta e introducirá un claro eje vertical para dar sentido a la superposición de los planos horizontales. El vacío—todavía presente en las plantas de Anasagasti—desaparece para dar paso a un eje vertical que dota de sentido unitario a todo el carmen. Las plantas pueden pensarse con independencia porque hay un eje vertical que las enhebra y enlaza (fig. 97). Si el sistema de ejes longitudinales facilitó el despliegue en el solar de diversos episodios, el eje vertical va a propiciar la continuidad de unas plantas que se desarrollaron con autonomía al dictado del programa: la planta baja, como ya dijimos, es un patio-zaguán-*mégaron* que da paso al jardín y a las otras plantas; la planta primera es la biblioteca, el espacio dedicado a la reflexión y a la contemplación del mundo; la planta alta es el estudio, el lugar del trabajo. Materializar este eje dio pie a un episodio arquitectónico de indudable interés: en la planta baja, en torno al eje, se configuró un vacío que funciona a modo de lámpara; en la planta primera, como si de una piedra preciosa gigantesca se tratase, el sólido vítreo se postula como protagonista del ámbito de la biblioteca; en la planta más alta un tragaluz privado mantiene viva la presencia física del eje (fig. 73). Del aprendizaje que la construcción del jardín proporcionó al pintor-arquitecto se hizo uso en la casa-estudio, y el eje como pauta para la continuidad, sin que en modo alguno presuponga jerarquía, se manifiesta en toda esta peculiar secuencia lámpara/fanal/banco, que aquí quedó descrita.

EL GUSTO POR LO DIVERSO

Pero el hacer hincapié en la importancia que la estructura axial tiene en el carmen no implica olvidar otros aspectos arquitectónicos del mismo a los que me gustaría prestar atención ahora.

Si por algo nos atrae y nos subyuga el carmen es por su capacidad de asimilar lo diverso. La estrategia seguida para la construcción explica esta capacidad de absorción de lo diverso que tanta admiración nos produce: los ejes, en cuanto que garantes de la unidad, facilitan la disposición de elementos dispares, y a la fuerza que la estructura de esta arquitectura tiene se debe el que no quepa, en mi opinión, hablar de *collage*. El carmen absorbe, engloba muchos elementos diversos, pero jamás se pierde una visión unitaria —casa-estudio y jardines— de la obra, que en modo alguno se dispersa en lo fortuito y azaroso. Quizá fuese este el lugar para hacer una reflexión acerca de la nostalgia histórica que impregna el carmen. En clara oposición a lo que hacían muchos de sus contemporáneos—serviles «pastiches» historicistas—el carmen da entrada a la Historia incorporando—literalmente—fragmentos de la misma. Ya hemos tenido ocasión de mencionar la crucial importancia que en el desarrollo de todo este proyecto tuvo la puerta ubetense: la arquitectura del tardo Renacimiento, la arquitectura de la Granada de la conquista, como umbral para lo que va a ser evocación global del pasado, entendido como un continuo entrecruzarse de culturas. La declaración de principios que supone el incrustar la puerta de Úbeda en la fachada se extiende a los innumerables elementos que se incorporaron en la arquitectura del carmen. El presente está inevitablemente ligado al pasado, y los restos de las arquitecturas que fueron—y con los que en los paramentos del carmen continuamente nos encontramos—son buena prueba de tal modo de entender la historia. Enumeremos algunos: el balcón manierista en el flanco naciente de la torre (fig. 92); las columnas; las rejas; el antepecho de la ventana de la bóveda en la cripta (fig. 105), y tantos otros. Puede decirse que, en general, están inmersos en las fábricas que los recogen, y así se salvan del olvido sin asumir la condición de piezas reverenciales de un museo. A veces configuran conjuntos de elementos, lo que da pie a poder hablar de columnatas o pseudotemplos (fig. 106); otras se entremezclan dando lugar a curiosos híbridos arquitectónicos. Pero siempre el carmen, como un todo, prevalece. Nuestra mirada queda atrapada por el «accidente», que nunca adquiere absoluto protagonismo. Tan sólo tal vez hubiese que considerar como excepción la fachada norte, en la que la tantas veces nombrada puerta de Úbeda es elemen-

108

109

110

to primordial. La inclusión de todas estas otras arquitecturas va más allá de la anécdota y la nostalgia. Es un abrazo al pasado, al que cabría calificar de instrumental, dada la eficacia con la que, en términos visuales, se instalan los restos arquitectónicos de otro tiempo en el carmen. Y así, habría que admitir que los «fragmentos» pseudopiranesianos siempre están situados de modo que animan un paramento, o definen un eje secundario, o dan pie a que, en torno a ellos, se dispongan otros elementos. Nunca su posición es fortuita—aunque a veces pudiera parecerlo—y hay que anotar en el haber del arquitecto el que así ocurra. Por otra parte, valdría la pena mirar con atención el cuidado con el que se aplicaron o incrustaron en los muros los restos de otras arquitecturas. Con el ánimo de confirmar lo dicho, me detendría en dos de estos episodios: el modo en que las columnas de un claustro se convierten en pilastras exentas que enmarcan la alberca de Venus, estableciendo un común punto de contacto con su esquina, es muestra de la sutileza con la que trabajaba el arquitecto; como también lo es la habilidad con que se han trabado los diversos elementos ornamentales sobre columnas que se dan cita en el balcón semicircular de la fachada a naciente (fig. 107). Y, con éstos, tantos otros detalles en los que se muestra el talento con que el arquitecto a pie de obra—el pintor Rodríguez-Acosta—resolvía la inserción de elementos mediante simples y precisos gestos proyectuales.

Cabría decir que algunos de los procedimientos sintácticos que se utilizan en la construcción del carmen eran patrimonio común de los arquitectos coetáneos a José María Rodríguez-Acosta. Así, la utilización de columnas encastradas en los muros, reforzando la presencia de arcos y puertas, o resolviendo las esquinas (fig. 108); el uso en estrecha proximidad de huecos rematados con arcos de medio punto sin pretensión alguna de establecer un criterio de proporción común (fig. 98); la asunción de elementos dispares sin temor al contraste, etcétera, son mecanismos para la producción de arquitectura que encontraríamos tanto en las obras de Antonio Palacios como en algunas de Teodoro de Anasagasti (figs. 109 y 110). Pero hay en el carmen, tanto en los jardines como en la casa-estudio, un radicalismo—el de aquel que aprendió la lección por sí mismo—que, a mi entender, se explica tan sólo cuando se hace responsable del proyecto a un personaje como José María Rodríguez-Acosta. Un argumento a favor de esta tesis lo encontraríamos al responder a la inquietante cuestión que plantea a todo aquel que se adentra en el carmen la presencia de tantos elementos complementarios—decorativos, si aceptamos ser más explícitos—definidos por un estilo bien preciso, el *art déco*. Tan sólo un *amateur* podía adherirse a un estilo como el *art déco*, que los arquitectos que se movían en el ámbito académico consideraban demasiado adscrito a una moda y al gusto específico de un momento. Los constructores de la casa-estudio—más precisamente quienes la terminaron y se ocuparon de sus acabados—se sirvieron del *art déco* sin temor alguno. A mi entender, para ellos este estilo representaba el puente que las artes decorativas tendían entre presente y pasado, entre las formas clásicas y las modernas. No nos entretendremos ahora a discutir si esta actitud estaba justificada o no, y sí a destacar el delicado uso que de tal tendencia se hizo en la casa-estudio. Tal vez sea la escalera emplazada en la torre suroeste de la fachada sur—aquella escalera que los constructores de la casa-estudio resolvieron de manera totalmente diversa a la propuesta por Anasagasti—el momento álgido en el que el *art déco* se muestra en todo su esplendor. Tanto la elección de los materiales—el mármol negro de Marquina, los empanelados de madera, los bien tendidos estucos—como la definición de los elementos—estrías, hornacinas—pertenecen al ámbito lingüístico del estilo que José María Rodríguez-Acosta había tenido ocasión de admirar en su visita a la Exposición de las Artes Decorativas de París del año 1925. Pero, una vez más, la singular sensibilidad del pintor-arquitecto se hace notar en el diseño del peculiar remate con el que se da fin al macizo núcleo: la anómala columna truncada se reduce telescópicamente para convertirse en basa de un torso femenino, en el que Loyzaga daba testimonio del inequívoco modo que tanto él como José María Rodríguez-Acosta tenían de entender la belleza (fig. 111). Toda la escalera pasa a ser así—en su condición de vía que conduce al taller, al estudio del pintor—un ámbito iniciático que prepara el ánimo del artista. Muchos otros gestos que cabe asociar con el *art déco* podrían citarse aún—paneles, apliques de luz, embocaduras de puertas y ventanas, etcétera—, pero sin duda es en la escalera—uno de los últimos elementos que se construyen—donde esta devoción por el citado estilo se manifiesta de un modo más directo.

EL CARMEN COMO AUTORRETRATO

¿Cómo explicar el singularísimo fenómeno del carmen, una construcción que tan felizmente escapa a cualquier intento de análisis crítico? Fue uno de sus primeros visitantes, el crítico Juan de la Encina, quien propuso entenderlo como autorretrato de José María Rodríguez-Acosta, y esta propuesta de lectura sigue siendo útil para mí hoy.[20] Cuentan quienes se han ocupado de la biografía del pintor que éste pasó por una crisis tras probar las mieles del éxito con un cuadro costumbrista—*Con el santo y la limosna*—en el

111

112

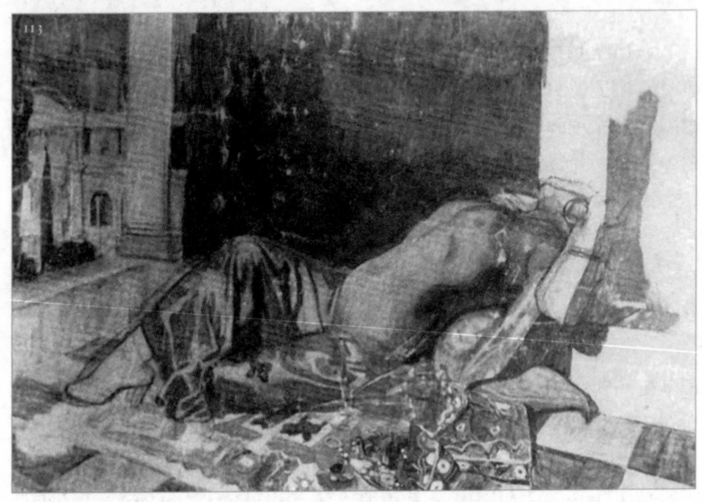
113

que, como hemos dicho ya, se pueden advertir ecos de la obra de Ignacio Zuloaga. Perdido el entusiasmo por la pintura, José María Rodríguez-Acosta se embarca en la construcción del carmen, tarea en la que iba a emplear casi quince años. ¿Pensó Rodríguez-Acosta que la construcción del carmen iba a permitirle una reflexión más distante acerca del significado de la obra de arte?

¿Fue consciente de que la arquitectura no gozaba de la misma inmediatez que la pintura y que, por tanto, permitía al constructor establecer una provechosa distancia? Pienso que sí, que José María Rodríguez-Acosta vio en la arquitectura, en la construcción del carmen, la ocasión propicia para responder a las preguntas que se formulaba acerca del mundo en que vivía, y que al hacerlo iba a ofrecernos el reflejo de lo que era su persona. Como habrán comprendido quienes nos acompañaron con su lectura hasta este momento, en estas cuartillas se avanza la hipótesis—compartida por buena parte de quienes se ocuparon del carmen—de que es a su dueño, a José María Rodríguez-Acosta, a quien hay que atribuir la paternidad de la obra. Que la intervención de los arquitectos en la construcción del carmen fue instrumental, ateniéndose éstos al dictado de lo que eran las intenciones del ilustrado dueño. Y así, desde el primer momento, desde los primeros dibujos que trazó el arquitecto Santa Cruz, advertimos la presencia de alguien que quiere trascender lo que es la simple construcción de una casa. José María Rodríguez-Acosta se preguntaba al construir junto a la Alhambra cuál era el significado de la Historia. La primera respuesta es directa, ingenua, si se quiere, y pronto vemos cómo se enmendó la dirección tomada cuando el constructor se encontró con la cruda realidad de construir en la ladera. Los años de la preparación del suelo, de la construcción del jardín, fueron, a mi entender, cruciales. José María Rodríguez-Acosta, un hombre cosmopolita, un viajero, estaba familiarizado con el arte y la arquitectura de sus contemporáneos, pero la ocasión parecía reclamar una arquitectura menos ligada al momento. El jardín—ese «tiempo en eternidad» de que habla el poeta—le remite a Grecia y Roma e, inevitablemente, al islam. Es una pena que no dispongamos de dibujos que permitan saber a quién pidió ayuda el pintor granadino en tan cruciales momentos. La tradición oral habla, como ya dijimos, de Modesto Cendoya. Habría que dilucidar cuál fue su contribución. Entre tanto, las fotografías del álbum nos permiten establecer una secuencia de los trabajos. Pienso que es en aquellos años oscuros cuando la arquitectura del carmen se configura, cuando Rodríguez-Acosta se desprende de las imágenes que le ofreció Santa Cruz y se decanta por una presencia literal de la Historia, olvidándose de los falsos profetas que predican la arquitectura del simulacro. De ahí la incorporación de fragmentos reales y la adopción de un «guión», de un hilo argumental que le permita resolver a un tiempo la estructura y la presencia de la memoria. Hay en José María Rodríguez-Acosta una «literalidad» que lo aleja, por ejemplo, de la ficción clasicista del novecentismo. Esta literalidad, esta autenticidad, es lo que hace que el carmen nos subyugue. Puede que la búsqueda de lo auténtico llevase al pintor granadino a incorporar un arquitecto moderno a la obra, y de ahí la presencia de Anasagasti. Con frecuencia se atribuye a este arquitecto la responsabilidad como profesional del carmen. Pienso, sin embargo, y confío en que mi opinión haya quedado suficientemente respaldada con la presentación de los documentos que acompañan a este escrito, que el arquitecto de Bermeo se encontró con una obra ya encarrilada. Sus dibujos muestran soluciones que en algunos casos fueron atendidas, pero que en muchos otros fueron ignoradas. Y lo que es más importante, el paso de Teodoro de Anasagasti por la obra permitió entender al pintor granadino que sus deseos eran otros, que las directrices avanzadas en los jardines podían también extenderse sin distracciones profesionales a la casa-estudio. No sabemos a ciencia cierta cuáles fueron las razones que llevaron a José María Rodríguez-Acosta a prescindir de sus servicios como arquitecto, pero sí sabemos que su contacto con el carmen fue breve, y que pronto la obra pasó de nuevo a manos del pintor, ayudado en esta ocasión por un arquitecto local, Jiménez Lacal. No es difícil admitir que si José María Rodríguez-Acosta se atrevió a renunciar a tan competente presencia en el carmen como lo era la de Teodoro de Anasagasti es porque tenía bien claro el camino. Posiblemente el arquitecto vasco le reafirmó en la idea de una «construcción moderna». Los paramentos blancos del carmen, al margen de su eficaz presencia en el medio, son una declaración explícita de su pretendida modernidad, como también lo es la elección del *art déco* como lenguaje. Con seguridad José María Rodríguez-Acosta advirtió en el estilo de la Exposición de Artes Decorativas una capacidad de ecumenismo que no veía en los modernistas absolutos: el carmen, a esas alturas de la vida de José María Rodríguez-Acosta, debía dar entrada a una historia universal más amplia. Los viajes a Oriente están presentes en sus interiores, y el dorado, que junto con el negro domina la atmósfera de la biblioteca, es característico del *art déco*. Hay en este momento de la construcción del carmen un deseo de objetividad que tal vez no habría que ver como extraño si pensamos en algunas de las pinturas de José María Rodríguez-Acosta de aquellos años. El pintor costumbrista es ahora un pintor del mundo que tiene en torno, que dota a su pintura de un valor cuasiontológico. La pintura de Rodríguez-

114

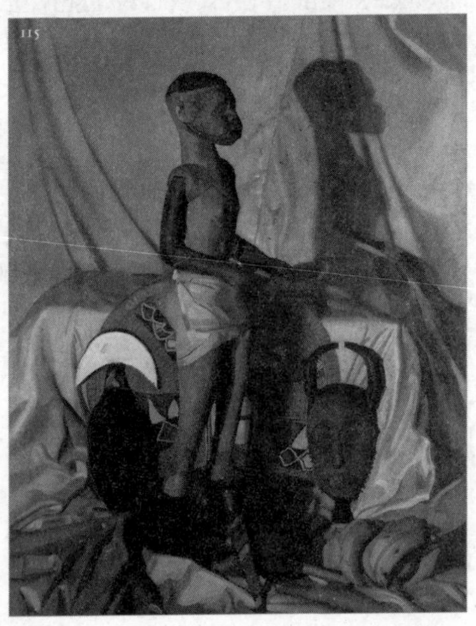
115

Acosta se ha desprendido de todo costumbrismo. Tras de pasar por un momento de exuberancia orientalizante que estaría presente en cuadros como *Noche en el carmen blanco* o *Desnudo de mujer en el carmen blanco*[21] (figs. 112 y 113), en el que el fin de las obras de su casa-estudio parece permitirle recuperar su vocación de pintor, Rodríguez-Acosta se interesa por una pintura ajena a toda tentación literaria, en la que un cierto afán por la objetividad prevalece. Las figuras, los desnudos, algunos retratos, se nos presentan ahora con naturalidad, como si de lo que se tratase ahora fuera tan sólo de recrearse en la pintura, en el oficio de pintor. Cabría decir que la complacencia que se observa en las obras que coinciden con la terminación del carmen—y que hay que datar a final de los años veinte y principio de los treinta—pronto fue advertida por el pintor, que pasa ahora a valorar el ejercicio de la pintura sin otro aditamento que el placer de enfrentarse a los problemas tradicionales de la disciplina. Y así, en las naturalezas muertas, en los bodegones, se refleja un horizonte próximo a objetos—con algunos de los cuales nos encontramos hoy al pasear por la biblioteca del carmen—que se nos presentan en el lugar en que se encuentran sin que se hayan dispuesto premeditadamente para la composición del cuadro (figs. 114 y 115). Tan sólo un fondo de paños plegados para poner a prueba su habilidad en un asunto que siempre fue considerado definitiva piedra de toque para un pintor. José María Rodríguez-Acosta vive esta última etapa de su vida haciendo de su trabajo todo un testamento personal y estético. Un testamento que culmina en inquietantes desnudos—*Desnudo de la bola de cristal*, *Desnudo tendido* y *La noche*—en los que aletea un anhelo de belleza que también, como ya hemos visto a lo largo de estas páginas, estaba bien presente en el carmen.[22] Una belleza enigmática, en la que lo canónico parece querer rendirse ante lo inmediato, bajo unas luces que se nos antojan más cinematográficas que teatrales. Sé el peligro que se corre al hablar de enigma y belleza, pero no encuentro mejores términos para describir lo que entiendo era el estado de ánimo del pintor granadino al terminar sus días. Belleza enigmática como meta de sus últimos cuadros. El carmen es, o al menos a mí me lo parece, un edificio lleno de belleza, pero enigmático. Como también lo fue su dueño, su arquitecto, un pintor que llegó a la conclusión de que construir su casa era el mejor modo de decirnos quién era.

NOTAS

[1] Para más información acerca de los arquitectos que intervinieron en la construcción del Hotel Alhambra Palace, me remito a la biografía de *El Duque de San Pedro de Galatino* escrita por Manuel Titos Martínez (Granada, Editorial Comares, 1999): «Para su construcción, [el duque] hizo venir de Inglaterra al arquitecto Mr. Lowet, que realizó los planos del primer edificio con estructura de hierro que se construyó en Granada y uno de los primeros de España, y para su ejecución contó en Granada con la dirección del arquitecto Modesto Cendoya y ambos diseñaron un singular edificio, extraña mole hoy totalmente identificada con el paisaje de la colina de la Alhambra, donde se funden las formas alhambreñas con volúmenes extraídos de la Torre del Oro de Sevilla y de las murallas de Ávila», capítulo 9, «El Hotel Alhambra Palace de Granada», p. 71.

[2] Las tres publicaciones que se han ocupado últimamente del carmen con más extensión son las revistas *Forma y Color* n.º 56, Albaicín/ Sadea Editores, Granada/Florencia, 1970; *Ianus. Old and New International Architecture*, vol. 0, n.º 0, Barcelona, Doyma, mayo-junio de 1980; y el libro *José María Rodríguez-Acosta, 1878-1941*, Fundación Rodríguez-Acosta, Madrid, Turner, 1992. En dicho libro, en el que se recogen algunos de los textos de más relieve sobre la obra del pintor (Julián Gállego, «El carmen de las torres blancas»; Miguel Ángel Revilla Uceda, «José María Rodríguez-Acosta»; Juan de la Encina, «Crítica de

arte. Coloquios a la deriva», «Un carmen, un pintor y una meditación»; Ramón Pérez de Ayala, «Temas de Granada»; Emilio Orozco Díaz, «El pintor granadino José María Rodríguez-Acosta»; Emilio García Gómez, «Un apéndice mogol a la Alhambra»; Fernando Chueca Goitia, «El carmen del pintor Rodríguez-Acosta en Granada»), tan sólo Miguel Ángel Revilla Uceda menciona a Ricardo Santa Cruz, aunque con cierto desdén, como puede apreciarse en la siguiente cita: «El arquitecto Ricardo Santa Cruz proporciona en 1916 su primer proyecto, que define en lo esencial la configuración espacial del recinto y que en líneas generales fue bastante respetado en el transcurso de la realización posterior. Sin embargo, el alzado que dibuja este arquitecto, concebido como una villa suburbana, un hotelito, diríamos, donde su rasgo más característico, aparte la vulgaridad, era su aire de pastiche plateresco de regusto castizo, sí se distancia mucho, por no decir totalmente, del resultado último que ahora contemplamos» (*op. cit.*, p. 160). En el escrito de Fernando Chueca publicado tanto en la citada monografía sobre José María Rodríguez-Acosta como en la revista *Ianus* titulado «El carmen del pintor Rodríguez-Acosta en Granada», en el que se analiza con atención la arquitectura del carmen y se especula acerca de quiénes fueron sus autores, no se cita, sin embargo, a Ricardo Santa Cruz, y es la figura de Teodoro de Anasagasti la que adquiere mayor relieve (*José María Rodríguez-Acosta, 1878-1941*, *op. cit.*, pp. 333-337, y *Ianus. Old and New International Architecture*, *op. cit.*, pp. 62-76). El texto de Emilio Orozco publicado en *Forma y Color*, tan útil, por otra parte, para acercarse a la personalidad de José María Rodríguez-Acosta, también pasa por alto la contribución de Santa Cruz. Emilio Orozco acaba sugiriendo, citando a Juan de la Encina, que habría que entender el carmen como «verdadero autorretrato». Sí citan a Santa Cruz los textos de Miguel Ángel Baldellou—cuando habla del carmen en su estudio de la arquitectura española del siglo XX (*Summa Artis*, t. XL, Madrid, Espasa Calpe, 1995, p. 62)—y Ángel Isac Martínez de Carvajal—en su estudio «Transformación urbana y renovación arquitectónica en Granada. Del "Plano Geométrico" (1846) al Gran Parque (1929)» (*Cuadernos de Arte de la Universidad de Granada*, Granada, 1987, p 220)—, aludiendo este último una vez más a una interpretación del carmen como autorretrato de Rodríguez-Acosta, al hacer presentes las observaciones de Juan de la Encina, de las que nos ocuparemos más tarde.

[3] En el texto de Manuel Gómez-Moreno se describe muy bien el modo en el que los Reyes Católicos hicieron uso de la arquitectura para

seducir a sus nuevos súbditos. Al tiempo que dotaban a la recién conquistada ciudad con todas las instituciones—Universidad, Cancillería, Arzobispado, etcétera—desarrollaron una intensa labor de construcción que hoy se manifiesta en el esplendor que la arquitectura renacentista tiene en la ciudad. La puerta de Úbeda—ejemplo del manierismo tardorrenacentista de la arquitectura jiennense—no es ajena, por tanto, a lo que ha sido la historia de Granada. Véase Manuel Gómez-Moreno, *Las águilas del Renacimiento español*, Madrid, Xarait, 1983.

[4] Antonio Flórez, profesor de dibujo en la Escuela de Arquitectura y arquitecto del Ministerio de Instrucción Pública, divulgó una arquitectura inspirada en las formas de la arquitectura popular que se encuentra en tierras de España. Entre ellas, tal vez la más frecuentada fue la arquitectura aragonesa, en la que las arquerías de ladrillo son quizá el rasgo más característico. Una alusión a estas arquerías me parece advertir en la propuesta de Santa Cruz.

[5] También en la arquitectura granadina de fines del siglo XVI y principios del XVII se encuentran muchos ejemplos—algunos de ellos todavía se conservan, como el actual Conservatorio de Música de la calle de San Jerónimo—, en los que el eje puerta/ventana/*loggia* articula verticalmente la fachada. Debo esta observación a Miguel Rodríguez-Acosta.

[6] Los planos de Santa Cruz, como se puede apreciar en la ilustración del alzado norte, aparecen rotulados como «Fachada al callejón de las Torres Bermejas», a pesar de que no consta que el callejón Niños del Rollo haya llevado nunca tal nombre.

[7] El nombre de Modesto Cendoya siempre se ha mencionado cuando se habla de los orígenes del carmen. Su contribución no es clara, aunque es posible que José María Rodríguez-Acosta se sirviese de su consejo en los momentos iniciales. Fernando Chueca considera que Modesto Cendoya «no fue ni un gran arqueólogo ni un gran artista y dentro de la Alhambra se interesó sobre todo por el estudio de las fortificaciones». Véase José María Rodríguez-Acosta, *op. cit.*, p. 333. Tal vez fue este estudio de las fortificaciones que Chueca menciona el que le permitió adquirir aquellos conocimientos sobre movimientos de tierras necesarios para llevar a cabo el aterrazamiento de la ladera.

[8] El «presunto discóbolo»—una escayola en la fotografía—fue destruido por el propio José María Rodríguez-Acosta. Más tarde, una enorme vasija cerámica quedó instalada en su lugar.

[9] Convendría decir, para ser precisos, que en las galerías subterráneas del jardín se puede encontrar algún arco de herradura, mantenien-

do así viva la imagen del primer impulso inspirado en la cultura hispanomusulmana del proyecto de Santa Cruz. Por otra parte, hay personas—y entre ellas Montserrat Ribas, autora de los dibujos que aparecen en este libro—que ven la presencia de la Alhambra en el carmen. En apoyo de este argumento cita, entre otros episodios, el volumen de las torres del carmen—que podría verse como próximo al de las de la Alhambra—, el manejo de las columnas de esquina—no muy diverso al que de ellas se hace en el Patio de los Leones—, la sucesión de diafragmas para definir ejes y alineaciones, etcétera.

[10] La abundancia de dibujos y apuntes que se encuentran en su libro relacionados con la arquitectura popular—como muestran, entre otras, las figs. 9, 16, 17, 18, 41, 51, 53, 54, 55, 57 de dicho libro—es buena prueba de la devoción que Anasagasti sentía por este tipo de arquitectura. Véase Teodoro de Anasagasti, *op. cit.*

[11] Nacido en Granada en 1884, se tituló como arquitecto en 1912 en la Escuela de Arquitectura de Madrid. En 1913 comienza su actividad profesional como arquitecto, con la Casa del Condado en la calle Mesones como primer proyecto. Autor de numerosas obras a las que cabe calificar de historicistas, fue durante unos años, conservador del Generalife. Murió en 1937.

[12] Curiosamente, las plantas de Jiménez Lacal están orientadas de manera opuesta a las de Santa Cruz y Anasagasti. Diríase que, una vez resuelto el jardín, la construcción reposa ahora sobre la fachada a norte.

[13] La deuda con la cultura grecorromana que tiene el carmen no ha escapado a quienes han escrito sobre él. Juan de la Encina habla de «lo que pudiera llamarse acaso el romanticismo del gusto por lo clásico». Véase el libro citado sobre Rodríguez-Acosta, p. 316. Y Fernando Chueca escribe: «También mordió el anzuelo un gran arquitecto de la época, Antonio Palacios, que nos dejó en Madrid un "espécimen" interesantísimo de esta curiosa tendencia que podemos llamar el clasicismo modernista. El Círculo de Bellas Artes de Palacios tiene muchos puntos de contacto con el carmen de Rodríguez-Acosta, aunque el temperamento del pintor sea muy distinto del del arquitecto», *ibid.*, p. 336. Emilio Orozco Díaz, por su parte, afirma: «En general podemos decir que los elementos arquitectónicos que predominan son clásicos occidentales; ya del mundo grecorromano, ya del renacentista italiano. Estatuas y columnas de blancos mármoles de Macael, pórticos y pérgolas, que, contrastados con los oscuros cipreses que las rodean, dan siempre un regusto clásico pagano que la luminosidad del ambiente que lo envuelve todo pare-

ce extremar sensualmente en nostálgica evocación de lugares lejanos de la Grecia clásica». Véase *Forma y Color*, n.º 56, «El Carmen de la Fundación Rodríguez-Acosta de Granada», Albaicín/Sadea Editores, 1970.

[14] Juan Miguel Larios Larios ha tenido la amabilidad de hacerme llegar un artículo sobre Pablo Loyzaga Gutiérrez, que se publicará en la revista *Cuadernos de Arte* editada por la Universidad de Granada: a él se debe la información de la que se hace uso ahora. Pablo Loyzaga nació en Granada en 1872 y tras comenzar estudios de medicina, que abandonó muy pronto, frecuentó el taller de escultura de Francisco Morales y González. Su obra como escultor es dispar y diversa, y acudió a concursos para monumentos y realizó encargos de todo tipo. Su carácter abierto y generoso le llevó a la enseñanza, e impartió clases en la sección artística de la Escuela Superior de Artes Industriales, en la que permaneció hasta 1936. Amigo de los artistas granadinos de su tiempo—Bertuchi, López Mezquita, Vicente León, etcétera—, José María Rodríguez-Acosta solicitó su colaboración para la construcción del carmen y trabajó en íntimo contacto con él hasta el extremo de que en algunos momentos su trabajo parece coincidir por completo con las intenciones del pintor granadino. Lo que el carmen le debe siempre será un enigma. Miguel Larios cita, entre sus obras para los jardines, «copias de obras clásicas como son la *Venus del estanque*, la *Niké atándose la sandalia*, la Cantoría de Donatello, entre otras», y son también obras suyas «los relieves metálicos con figuras de guerreros y composiciones historiadas, igualmente de tema clásico, que adornan la puerta de ingreso al vestíbulo del piso inferior». A raíz de la Guerra Civil y por razones ideológicas, Pablo Loyzaga perdió su condición de profesor y se mudó a Madrid. Olvidado, aunque parece ser que nunca perdió su buen talante, murió en Granada en 1951.

[15] En efecto, un mueble como el de la biblioteca parece estar pensado para poner en valor un hermosísimo buda. Las paredes están llenas de hornacinas y huecos en los que se incrustan las valiosas piezas de sus colecciones. Cualquier elemento en el que detengamos nuestros ojos está acompañado o realzado por la presencia de singulares obras de arte o elementos arquitectónicos reutilizados.

[16] Remito al lector al artículo de Julián Gállego «El carmen de las torres blancas». En él se hace un sugestivo análisis de los intereses de José María Rodríguez-Acosta a través del estudio de su biblioteca. Véase *José María Rodríguez-Acosta*, *op. cit.*, pp. 17-41.

[17] Se trata de la copia de la Cantoría que Donatello labró para una iglesia de Florencia.

[18] Sabemos que se trata de una copia del Apolo que se encuentra en el Belvedere de los Museos Vaticanos.

[19] Julián Gállego lo considera un Baco danzante. Miguel Rodríguez-Acosta, tras preguntarle si José María Rodríguez-Acosta había dado nombres específicos a los distintos ámbitos del jardín, ha tenido a bien enviarme las siguientes líneas que aclaran con precisión tan importante aspecto: «Desde 1941, año en que fallece José M.ª Rodríguez-Acosta y se instituye la Fundación, tanto los rincones del jardín como los del carmen Rodríguez-Acosta han recibido diversas denominaciones que se han consolidado como "nombres" a lo largo del tiempo. José María Rodríguez-Acosta no dejó en ningún momento de forma escrita o verbal nominados los lugares ni los objetos que formaron parte de su creación, tanto pictórica como arquitectónica. Sin embargo, las personas que han tenido contacto con la Fundación (visitantes, amigos, colaboradores, etcétera), así como las que progresivamente se han hecho cargo del mantenimiento del lugar, han ido dotando espontáneamente de nombres a todos estos sitios, por la sugerencia de las formas, los colores o los atributos más evidentes. Éstos se han mantenido e "institucionalizado" hoy. Esto no debe hacernos obviar la conveniencia de replantearnos razonadamente cada uno de ellos, más aún cuando estamos tratando de revisar y poner al día los conocimientos existentes sobre este edificio. Uno de los apelativos más problemáticos, es el de esta escultura que siempre se ha conocido como "Apolo"; Julián Gállego, en una de sus visitas a la Fundación, propuso la posibilidad de que se tratara de un "Baco danzante" al observar su paralelismo formal con uno de los tipos de Baco que presentaba Salomon en su *Répertoire de la Statuaire Grecque et Romaine*. Consideramos que la definición iconográfica de esta pieza queda incompleta y por tanto difícil de resolver, pudiéndose por el momento utilizar como denominación para ella, tanto el apelativo de *Apolo* como el de *Baco*».

[20] Juan de la Encina hablaba ya del carmen como autorretrato: «Calla y no interrumpas con observaciones fáciles. Iba, pues, diciendo que aquí tenemos un caso, no de autorretrato de una sociedad o de un estado social por su arquitectura, sino el autorretrato de una determinada persona, de un artista, por medio de una construcción arquitectónica. Yo no sé, pues conozco poco de su obra pictórica, si tu amigo Acosta se ha retratado alguna vez a sí mismo con sus pinceles; pero me atrevería a sostener, en el supuesto de que lo haya hecho así, que difícilmente habrá vertido en tal pintura su intimidad y parecido anímico y sustancial en la forma precisa y con la intensidad con que lo ha condensa-

do y descrito en esta admirable arquitectura de su carmen». Véase *José María Rodríguez-Acosta*, *op. cit.*, p. 317. Juan de la Encina extiende esta condición de autorretrato al carmen, considerándolo como paradigma de toda la historia del arte, cuando escribe: «En la gran quiebra estética del siglo XIX la arquitectura y la escultura fueron, entre todas las artes, quienes sufrieron de mayor asolación. Llegaron casi a perderse sus conceptos íntimos, vitales, el terreno de sus raíces. El impresionismo dio a la pintura un nuevo aire y casi nueva vida, aunque, en realidad, como es sabido, no fue sino última flor de un largo y admirable proceso histórico». Y continúa diciendo: «Indudablemente, sin arquitectura las otras artes, en realidad, se empequeñecen y malogran. Su independencia de ella la pagan excesivamente cara. El buen sentido vital de los artistas les señaló como norte la vuelta del hijo pródigo al hogar paterno. Ya está de vuelta la arquitectura…», *ibid.*, p. 318.

[21] Este período podría extenderse hasta incluir el *Desnudo de la mantilla*, de 1933. Los títulos son modernos, el pintor no tituló estos cuadros.

[22] Como se indica en la nota anterior, estos títulos no proceden del pintor, sino que son posteriores.

LISTA DE ILUSTRACIONES

ESTA EDICIÓN, PRIMERA, DE «LA
VIDA DE LOS EDIFICIOS», DE RAFAEL
MONEO, SE TERMINÓ DE IMPRIMIR
EN CAPELLADES EN EL MES
DE NOVIEMBRE
DEL AÑO
2017

Colección El Acantilado
Últimos títulos

299. CHARLES ROSEN *Schoenberg*
300. JUAN ANTONIO MASOLIVER RÓDENAS *El ciego en la ventana. Monotonías*
301. KARL SCHLÖGEL *Terror y utopía. Moscú en 1937* (2 ediciones)
302. JOSEPH ROTH & STEFAN ZWEIG *Ser amigo mío es funesto. Correspondencia (1927-1938)* (2 ediciones)
303. MARINA TSVIETÁIEVA *Diarios de la Revolución de 1917* (2 ediciones)
304. CAROLINE ALEXANDER *La guerra que mató a Aquiles. La verdadera historia de la «Ilíada»* (2 ediciones)
305. JOSEP MARIA ESQUIROL *La resistencia íntima. Ensayo de una filosofía de la proximidad* (8 ediciones)
306. ANTOINE COMPAGNON *El demonio de la teoría. Literatura y sentido común*
307. EDUARDO GIL BERA *Esta canalla de literatura. Quince ensayos biográficos sobre Joseph Roth*
308. JORDI PONS *El camino hacia la forma. Goethe, Webern, Balthasar*
309. MARÍA BELMONTE *Peregrinos de la belleza. Viajeros por Italia y Grecia* (4 ediciones)
310. PEDRO OLALLA *Grecia en el aire. Herencias y desafíos de la antigua democracia ateniense vistos desde la Atenas actual* (2 ediciones)
311. AURORA LUQUE *Aquel vivir del mar. El mar en la poesía griega. Antología*
312. JOHN ELIOT GARDINER *La música en el castillo del cielo. Un retrato de Johann Sebastian Bach* (4 ediciones)
313. ISABEL SOLER *El sueño del rey. Viajes y mesianismo en el Renacimiento peninsular*
314. RENÉ GROUSSET *El Conquistador del Mundo. Vida de Gengis Kan*

315. MARC FUMAROLI *Cuando Europa hablaba francés. Extranjeros francófilos en el Siglo de las Luces*

316. G. K. CHESTERTON *Alarmas y digresiones*

317. YURI BORÍSOV *Por el camino de Richter*

318. JOSÉ MARÍA MICÓ *Para entender a Góngora*

319. MARTA LLORENTE *La ciudad: huellas en el espacio habitado*

320. RAMÓN ANDRÉS *Semper dolens. Historia del suicidio en Occidente*

321. YANNIS RITSOS *Orestes*

322. MAURICIO WIESENTHAL *Rainer Maria Rilke. (El vidente y lo oculto)* (2 ediciones)

323. FRANCESC SERÉS *La piel de la frontera*

324. SVETLANA ALEKSIÉVICH *El fin del «Homo sovieticus»* (6 ediciones)

325. *Conversaciones con Arthur Schopenhauer. Testimonios sobre la vida y la obra del filósofo pesimista* (2 ediciones)

326. ALBERTO SAVINIO *Contad, hombres, vuestra historia*

327. IMRE KERTÉSZ *La última posada* (2 ediciones)

328. ISABEL SOLER *Miguel de Cervantes: los años de Argel*

329. JOSEP SOLANES *En tierra ajena. Exilio y literatura desde la «Odisea» hasta «Molloy»*

330. *La eternidad de un día. Clásicos del periodismo literario alemán (1823-1934)*

331. FLORENCE DELAY *A mí, señoras mías, me parece. Treinta y un relatos del palacio de Fontainebleau*

332. NIKOLAUS HARNONCOURT *Diálogos sobre Mozart. Reflexiones sobre la actualidad de la música*

333. SIMON LEYS *Breviario de saberes inútiles. Ensayos sobre sabiduría en China y literatura occidental* (2 ediciones)

334. SAINTE-BEUVE *Retratos de mujeres*

335. LISA RANDALL *La materia oscura y los dinosaurios. La sorprendente interconectividad del universo*

336. RAMÓN ANDRÉS *Pensar y no caer*

337. PETER BROWN *Por el ojo de una aguja. La riqueza, la caída de Roma y la construcción del cristianismo en Occidente (350-550 d. C.)* (3 ediciones)

338. ALFRED BRENDEL *Sobre la música. Ensayos completos y conferencias*
339. REINER STACH *Kafka. Los primeros años; Los años de las decisiones; Los años del conocimiento* (2 ediciones)
340. JEAN-YVES JOUANNAIS *El uso de las ruinas. Retratos obsidionales*
341. KARL JASPERS *Origen y meta de la historia*
342. YAKOV MALKIEL & MARÍA ROSA LIDA *Amor y filología. Correspondencias (1943-1948)*
343. *Glenn Gould. No, no soy en absoluto un excéntrico* (2 ediciones)
344. HELENA ATTLEE *El país donde florece el limonero. La historia de Italia y sus cítricos* (3 ediciones)
345. FRANK DIKÖTTER *La gran hambruna en la China de Mao. Historia de la catástrofe más devastadora de China (1958-1962)*
346. MARÍA BELMONTE *Los senderos del mar. Un viaje a pie* (2 ediciones)
347. CHRISTIAN INGRAO *Creer y destruir. Los intelectuales en la máquina de guerra de las SS* (2 ediciones)
348. ANDRÉ SALMON *La apasionada vida de Modigliani*
349. DANILO KIŠ *Homo poeticus. Ensayos y entrevistas*
350. VASILI RÓZANOV *El apocalipsis de nuestro tiempo*
351. NICOLE LORAUX *Los hijos de Atenea. Ideas atenienses sobre la ciudadanía y la división de sexos*
352. JUAN ANTONIO MASOLIVER RÓDENAS *La negación de la luz*
353. ADAM ZAGAJEWSKI *Asimetría*
354. G. K. CHESTERTON *Ensayos escogidos. Seleccionados por W. H. Auden*
355. GIUSEPPE TOMASI DI LAMPEDUSA *Viaje por Europa. Correspondencia (1925-1930)*
356. NUCCIO ORDINE *Clásicos para la vida. Una pequeña biblioteca ideal*
357. JAN SWAFFORD *Beethoven. Tormento y triunfo* (2 ediciones)
358. LAURA J. SNYDER *El ojo del observador. Johannes Vermeer, Antoni van Leeuwenhoek y la reinvención de la mirada*
359. CHARLES ROSEN *Las fronteras del significado. Tres charlas sobre música*